1초 만에 재무제표 읽는 법

기본편

기본편

1초 만에
재무제표
읽는 법

고미야 가즈요시 지음

김정환 옮김

다산
북스

이 책은 회계의 핵심과 재무제표 읽는 법을 쉽게 설명한 책입니다. 먼저 재무제표와 관리회계의 기본적인 개념을 설명해 기본지식을 익히도록 하였으며, 이를 통해 경제 현상과 경영 사례를 해설하였습니다. 재무제표를 읽는 기본 요령과 몇 개의 기본 개념을 알면 우리 회사의 재무제표를 읽고 업무에도 써먹는 회계 지식을 길러 시야를 넓힐 수 있습니다.

저의 본업은 경영 컨설턴트입니다. 동시에 메이지대학 회계대학원에서 특임교수로 강의하고 있으며, 10여 개 회사의 비상근 이사와 감사, 비영리단체 이사 등 여러 직책도 맡고 있습니다. 때때로 텔레비전에 출연해 경제 전문해설가로도 활동합니다. 저는 본업 이외의 일을 할 때에도 회계 지식과 개념의 도움을 받습니다. 컨설팅 대상 회사의 경영 상황을 분석하고 임원회의에서 의견을 낼 때뿐만 아니라 기업에서 일어나는 일이나 사회 현상을 분석하는 데도 회계 지식은 많은 도움이 됩니다.

이 책에서는 대차대조표와 손익계산서, 현금흐름계산서 같은 재무제표를 경영적으로 읽는 방법을 강조하였습니다. 손익분기점 분석, 직접원가계산, 원가관리, 제품 포트폴리오 관리 등 경영활동에 도움이 되는 관리회계의 개념을 설명하고, 이를 바탕으로 정부의 재정 정책, 거시경제와 사회현상까지 분석하였습니다. 이 책이 회계에 관한 지식을 제공하는 동시에 경제 현상에 대한 관심도 높일 수 있기를 바랍니다.

고미야 가즈요시

Part 1 재무제표를 딱 1초 만 본다면
어디를 봐야 할까?

::::: **대차대조표**

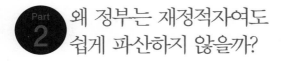

Part 2
왜 정부는 재정적자여도
쉽게 파산하지 않을까?

::::: 손익계산서

Part
3 왜 자기부상열차나 대규모 고속도로
건설은 좀처럼 시작되지 않는 것일까?
::::: **현금흐름**

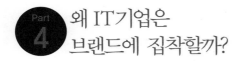

왜 IT기업은
브랜드에 집착할까?

::::: 고정비와 변동비

LCD TV의 가격은
왜 계속 떨어질까?

::::: 직접원가계산

히트 상품을 계속해서 만들어내는 회사의 전략은 무엇일까?

::: 제품 포트폴리오 관리

기업 실적은 좋은데 직원 급여는 오르지 않는 이유는?

Part 8

::: 부가가치

제1장

재무제표를
딱 1초 만 본다면
어디를 봐야 할까?

......

대차대조표

이 장에서는 1초 만에 회사의 상태를 판단하는 방법부터 시작해 대차대조표의 기본적인 개념을 설명할 것이다. 대차대조표를 경영면에서 읽는 법과 그 내용을 어떻게 파악해야 하는지를 알 수 있다. 그리고 이와 관련해 어떤 내용의 대차대조표를 가진 기업이 외국계 펀드의 표적이 되는지와 〈가오〉가 〈가네보 화장품〉을 인수한 이유, 〈이온〉이 〈다이에〉를 자회사로 만들지 않은 이유 등을 설명한다.

🥧 '1초' 만 재무제표를 본다면 어디?

경영 컨설턴트라는 직업상 수많은 기업을 진단해 왔다. 때로는 M&A를 위해 짧은 시간에 제한된 자료를 바탕으로 투자 판단을 내려야 할 때도 있고, 비상근 임원이나 고문으로서 임원 회의에 참석할 때도 있다. 그렇기 때문에 임원회의 자리에서 재무 상황을 단시간에 판단하고 문제점을 발견해 그 자리에서 지적해야 하는 경우가 종종 있다.

회사의 경영 상황을 파악해야 할 때 자료가 항상 완벽하게 갖춰져 있다는 보장은 없다. 설령 자료가 완벽하다 해도 해석할 시간이 충분히 주어진다는 보장 또한 없다. 그래서 나는 항상 좀 더 나은 판단을 할 수 있도록 대차대조표나 손익계산서 등 재무제표를 읽는 '포인트'를 정해둔다. 요령이라고도 할 수 있다. 그중에는 '1초' 만에 회사의 문제점을 판단하는 방법도 있다. 여러분이 재무제표, 가령 대차대조표를 딱 1초만 보고 회사의 재무 상황을 판단해야 한다면 어디를 보겠는가? 대차대조표는 주로 회사의 안정성을 판단한다(**도표1-1**).

딱 1초 만 대차대조표를 본다면 어디를 볼까?

유동자산 현금·예금 외상판매대금 ⋮	○○○	유동부채 외상매입대금 단기 차입금 / ⋮	○○○
고정자산 건물 차량 ⋮	○○○	고정부채 사채	○○○
이연자산	○○○	순자산	○○○

🥧 우선 유동자산과 유동부채의 비율을 본다

나는 어떤 회사의 대차대조표를 단 1초만 볼 수 있다면 단 기적인 부채상환 능력을 본다. 즉, 유동자산과 유동부채의 비율을 보는 것이다.

기업은 대개 '유동부채'를 갚지 못해 도산한다. **유동부채란 1년 안에 갚아야 할 의무가 있는 부채를 말한다.** 이 유동부채를 갚기 위한 자금조달이 여의치 않으면 도산으로 직결된다. 당장 눈앞에 닥친 부채를 갚지 못하면 도산할 가능성이 높다. 유동부채의 상환 능력을 보는 지표 중 하나를 '**유동비율**'이라고 하는데, 공식은 '유동자산÷유동부채'다. 유동자산은 현금·예금, 외상판매대금, 재고자산 등 단시간 내에 자금화 할 수 있거나 바로 사용할 수 있는 자산이다.

그런데 계산을 해야 한다면 1초로는 부족하지 않을까? 걱정할 필요는 없다. 유동자산이 유동부채보다 많은지, 즉 유동비율이 100퍼센트를 넘는지 아닌지만 보면 되기 때문이다. 굳이 계산할 필요도 없다. 유동부채를 감당할 만큼의 유동자산이 있다면 일단 당장은 안심해도 된다고 생각할 수 있다. 대차대조표에는 일반적으로 유동자산의 총합과 유동부채의 총합이 기재되어 있으므로 1초면 충분히 판단할 수 있다(도표1-2).

그러나 깊게 파고들면 조금 복잡하다. 상품을 판 다음 자금을 회수하기까지의 기간과 재고 등을 구입한 뒤 대금을 주기까지의 기간이 근접한 회사라면 이 일반론이 적용된다. 도매업이나 대다수의 제조업이 여기에 해당한다. 교과서적으로는 유동비율 120퍼센트 이상이 바람직하다고 하지만 사실 업종에 따라 큰 차이가 있다. 소매업 등 날마다 돈이 들어오는 업종은 100퍼센트를 많이 밑돌아도 괜찮으며, 전력이나 철도 등 설비투자액이 크지만 평소 커다란 지출비용이 없고 매일 돈이 들어와 현금흐름이 안정된 회사는 유동비율이 60퍼센트 정도여도 충분히 자금 회전이 가능하기도 하다. 한편 상품이 팔린대도 자금 회수가 늦어 현금화가 빠르지 못한 회사, 구체적으로는 받을 어음과 외상판매대금이 지급어음과 외상매입대금에 비해 클 경우에는 120퍼센트로도 자금조달이 힘겨울 때가 있다. 외상판매대금(정부에 대한 개

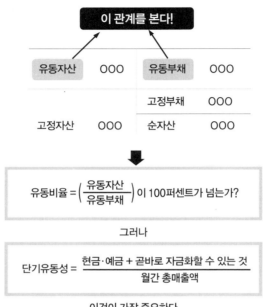

이 관계를 본다!

유동자산	OOO	유동부채	OOO
		고정부채	OOO
고정자산	OOO	순자산	OOO

$$유동비율 = \left(\frac{유동자산}{유동부채}\right) 이 100퍼센트가 넘는가?$$

그러나

$$단기유동성 = \frac{현금·예금 + 곧바로 자금화할 수 있는 것}{월간 총매출액}$$

이것이 가장 중요하다

호보험금청구)의 현금화에 시간이 걸리는 개호도우미 회사가 그 전형적인 예이며, 재고가 많은 업종도 마찬가지다.

자금조달 상황에 관해서는 일반론이 아니라 개별적으로 판단해야

개호보험은 일본에서 2000년 4월부터 노인요양보장을 위해 시행한 것으로 고령자에 대한 요양 서비스를 종합적으로 제공하는 사회보험이다.

하지만, 일단 일반적으로는 유동자산과 유동부채의 액수를 비교하는 것으로 1초 만에 회사의 재무 상황을 어느 정도 파악할 수 있다.

💿 대차대조표를 경영적으로 보면 '운용'과 '조달'

대차대조표가 경영적으로 의미를 갖는 이유는 자금의 '운용'과 '조달'을 나타내기 때문이다.

대차대조표는 우변과 좌변으로 나뉜다. 좌변은 '**자산**'으로, 회사의 재산 내역을 나타낸다. 회계 규칙상 정해진 '현금'과 '토지' 같은 과목별로 이것들을 '구입했을 때의 가격(취득 원가)'으로 표시하는 것이 원칙이다. 크게 나누면 앞에서 설명한 '유동자산'과 '고정자산'으로 구분할 수 있다.

한편 대차대조표의 우변은 '**부채**'와 '**순자산**'이다(예전에는 순자산을 '자본'이라고 불렀다). 부채에는 자산과 마찬가지로 '유동부채'와 '고정부채'가 있다(도표1-3).

대차대조표의 우변은 좌변의 자산(재산)을 사기 위해 필요한 자금의 '조달' 방법을 나타낸다. 기업은 부채라는 형태와 순자산이라는 형태로 회사를 움직이는 자금을 '조달'한다. 부채나 순자산으로 조달한 자금을 이용해 자산을 마련하므로, 달리 말하면 자산은 조달한 자금의 '운용'이라고 생각할 수 있다. 이익은 자산을 운용한 결과다.

대차대조표는 '운용'과 '조달'

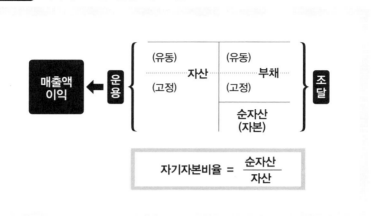

부채와 순자산으로 조달한 자금을 가지고 자산을 운용하므로 대차
대조표의 우변과 좌변은 반드시 같도록 되어 있다. 이 때문에 좌우의
균형이 잡혀 있다는 의미에서 대차대조표를 '밸런스시트(Balance Sheet)'
라고도 부른다.

COLUMN 회계, 경영적으로 이해할 수 있으면 충분하다

비즈니스맨이 자신의 업무나 경력에 도움이 되고자 회계를 공부할 때 제일 처음 좌절하는 부분이 대차대조표다. 비즈니스맨은 '경영적' 으로 회계를 이해할 수 있다면 그것으로 충분하다. 필요도 없는데 '회계적' 으로 공부를 하니까 이해도 안 되고 싫어지는 것이다. 회계적으로 공부를 한다는 말은 대차대조표를 작성하는 법(분개)을 공부한다는 뜻이다. 경리 업무를 담당하지 않는 한 비즈니스맨은 대차대조표나 손익계산서 같은 재무제표를 작성하는 법까지 알아야 할 필요는 없다. 그런데도 여기서부터 접근하려고 하니까 회계를 이해하기 어려워지는 것이다.

다시 한 번 강조하지만 세무사나 회계사가 되고 싶다거나 경리 업무를 하지 않는 이상 비즈니스맨이 재무제표 작성법을 알 필요는 없다. 컴퓨터를 만드는 법을 배운 다음에 컴퓨터 사용법을 익히는 사람이 없는 것과 같은 이치다. 비즈니스맨은 재무제표를 '경영적' 으로 어떻게 해석해야 할지만 이해하면 될 뿐, 쓸데없이 작성법 등을 알려고 너무 깊이 파고들면 오히려 '나무만 보고 숲을 보지 못하는' 결과를 낳을 수도 있다.

🍳 두 번째는 자기자본비율이다

대차대조표에서 경영적으로 가장 중요한 내용은 '**부채**'와 '**순자산**'의 차이를 아는 것이다. 이는 '자기자본비율'이라는 개념을 알면 된다.

강연이나 대학원 강의 등에서 이 질문을 하면 '부채는 타인자본이고 순자산은 자기자본'이라는 대답을 자주 듣는다. 분명 틀린 대답은 아니다.

그렇다면 '타인자본'이란 무엇일까? 한마디로 말해서 빚이다. 즉, 경영적으로 말하면 부채는 언젠가 반드시 '갚아야만 하는 돈'이다.

한편 순자산은 불입 받은 '자본금'이나 이익의 축적인 '이익잉여금' 등이며 주주로부터 예탁 받은 돈인데, 회사를 해산이라도 하지 않는 한 '갚지 않아도 되는 돈'이다. 이것이 정답이다.

갚아야만 하는 돈과 갚지 않아도 되는 돈의 차이를 아는 것이 대차대조표를 공부할 때 가장 중요한 이유는 **회사는 부채를 갚지 못하면 망하기 때문**이다. 나는 경영 컨설턴트로서 수많은 회사를 봐 왔는데, 그중에는 안타깝게도 도산한 회사도 있다. 부채가 너무 많아 망한 것이다. 기업을 경영할 때 일정 수준보다 부채를 늘리면 안정성이 훼손된다. 부채가 많더라도 매출액이나 이익이 꾸준히 상승할 때는 어떻게든 견딜 수 있을 때도 많지만, 실적이 하락하기 시작하는 순간 저항력을 상실한다.

그래서 대차대조표에서 중요한 지표가 바로 '**자기자본비율**'이다. 외국계 펀드 〈스틸파트너스〉(Steel Partners. 미국의 펀드투자사. 저평가된 기업을 사 장기간 보유하는 전략을 주로 사용한다)는 '높은 자기자본비율'에 '낮은 자기자본이익률'의 기업을 노린다. 〈스틸파트너스〉가 왜 이런 기업을 노리는지에 대해서는 뒤에서 자세히 설명하도록 하겠지만, 자기자본비율이 회사의 안정성과 깊은 관련이 있음에는 틀림없다.

자기자본비율이란 자산을 조달하고 있는(즉 회사 경영에 사용하는) **자금 중에 갚을 필요가 없는 자금의 비율**이다. 이 지표는 회사의 중장기적인 안정성을 나타낸다. 계산식을 단순화하면 '순자산÷자산'이다.

그러면 자기자본비율은 어느 정도가 되어야 할까? 지금까지의 경험을 토대로 할 때, 제조업 등 고정 자산을 많이 사용하는 회사는 20퍼센트, 상사 등 유동 자산을 많이 사용하는 회사는 15퍼센트가 최저 조건이라고 생각한다. 또 어떤 업종이든 10퍼센트 이하는 자본이 너무 적다(과소 자본). 그러나 이것도 일반론이다.

동시에 자기자본비율이 너무 높아도 위험하다. 〈불독소스〉(Bull-Dog Sauce Co., Ltd, 돈까스 소스나 샐러드 드레싱으로 유명한 조미료 제조사. 2008년 매출액은 165억 엔 정도였다)는 2007년 3월기 결산에서 자기자본비율이 75.7퍼센트나 되었다. 두말 할 것 없는 우량 기업이지만, 이것이 바로 〈스틸파트너스〉의 표적이 된 주된 원인 중 하나였다. 그 이유는 뒤에서 설명하도록 하겠다.

자기자본비율의 상한선은 상장을 했느냐 안 했느냐에 따라 다르다.

상장을 하지 않았다면 원하는 만큼 높여도 상관없다. 그러나 상장기업은 그렇지 않다. 이에 대해서는 '왜 〈가오〉가 〈가네보 화장품〉을 매수했을까?'라는 이야기와 함께 뒤에서 설명하도록 하겠다. 자기자본비율의 상한선과 〈가오〉가 〈가네보 화장품〉을 매수한 것은 사실 커다란 관계가 있다.

"자기자본비율은 기업의 중장기적인 안정성을 나타낸다."라고 흔히 말하는데, 이것은 사실 "반드시 단기적인 안정성을 나타내지는 않는다."라는 의미도 된다. 왜 그럴까?

보통 중장기적으로 안정되어 있다면 단기적으로도 안정적이라고 생각하게 된다. 그러나 회계나 재무의 세계에서는 반드시 그렇지는 않다. **자기자본비율이 높아도 단기적으로 자금 부족 상태가 되면 기업은 도산할 수 있다.** 회계 관련 서적을 봐도 이러한 내용은 대개 적혀 있지 않다. 그러나 비즈니스맨이 실전에서 사용할 회계를 공부한다면 이와 같은 지식을 갖고 있어야 한다. 그래서 나는 1초 동안 대차대조표를 본다고 하면 가장 먼저 단기적인 안정성을 알기 위해 유동부채와 유동자산의 비율을 보는 것이다.

COLUMN 자기자본비율의 계산식

자기자본비율의 계산식을 단순화하면 '순자산÷자산'이다. 그러나 정확히는 순자산 중에서 소수주주지분을 뺀 것을 '자기자본'이라고 하고 '자기자본÷자산'으로 계산할 때도 있다. 다만 소수주주지분이 대다수인 회사는 그다지 많지 않으며 상환 의무가 없는 자금인 것을 생각하면 '순자산÷자산'으로 계산해도 무방하다.

🔵 세 번째는 단기유동성을 확인한다

그리고 또 하나, 재무제표에서 경영적 의미를 읽기 위해서는 '단기유동성'이라는 말을 기억해 두기 바란다. 사실 경영적 측면에서 보면 이것이 제일 우선순위다. 단기유동성을 식으로 나타내면 '(현금·예금＋금방~유가증권)÷월간 총매출액'이다. '월간 총매출액'은 손익계산서의 연간 매출액을 12로 나눠 계산한다. 이 비율의 특색은 대차대조표에 나온 숫자만으로 산출할 수 있는 자기자본비율이나 유동비율과 달리, 손익계산서상의 매출액과 대차대조표상의 보유 현금·예금의 비율을 나타냈다는 점이다.

그런데 딱 1초만 결산서를 볼 수 있다면 '유동비율'을 본다면서 왜 단기유동성이 가장 중요하느냐고 생각하는 사람도 있을 것이다. 그 이유는 다음과 같다. 대차대조표 등의 결산서는 결산한 뒤 적어도 2개월 정도 지나서 발표된다. 만약 "회사가 쓰러질 것 같습니다!"라면서 대차대조표를 들고 나한테 달려오는 사장이 있더라도 그러한 '오래된' 정보로는 나로서는 대응할 방법이 없다. 중요한 것은 당장의 자금조달 상황이며, 이를 알 수 있는 가장 좋은 지표가 단기유동성이다.

대기업은 1개월분, 중소기업이라면 1.5개월분 정도의 단기유동성을 항상 준비하고 있지 않으면 안심할 수 없다. 단기유동성에 은행으로부터 바로 자금을 빌려줄 수 있다는 약속을 받은 금액을 포함해도 상관없다. 항상 조금씩이라도 좋으니 여유 있게 경영을 하는 것이 중요하며, 단기유동성이 없으면 자금적으로나 정신적으로나 여유가 없어진다. '고객 우선'이 '현금조달 우선'으로 바뀌면 회사는 가망이 없다.

단기유동성이 빈약해지거나 여유가 없어질 것 같으면 앞에서 설명한 자기자본비율이나 유동비율은 일단 잊어버리고 돈을 빌려서라도 단기유동성을 확보하는 것이 중요하다.

지금까지 대차대조표를 경영적으로 읽는 법에 대해 설명했다. 여기까지 이해했다면 초보적인 지식은 충분하다고 할 수 있다. 안심이 되지 않는 사람은 지금까지 설명한 세 가지 지표를 한 번 더 확인해 보기 바란다.

🌑 왜 〈가오〉는 〈가네보 화장품〉을 매수했을까?

　　　　　지금부터는 실제 기업의 예시를 분석하면서 대차대조표를 좀 더 깊이 이해해 보자. 먼저 '왜 세제와 욕실 용품에서 일본 1위 기업인 〈가오〉는 〈가네보 화장품〉을 매수했을까?'

　〈가오〉의 대차대조표(도표1-4)를 살펴보자. 조금 오래되었지만, 2005년 3월기와 2006년 3월기의 대차대조표다. 1년 사이에 '자기자본비율'이 65.1퍼센트에서 41.8퍼센트로 크게 감소한 사실에 주목하기 바란다.

　〈가오〉의 2005년 3월기와 2006년 3월기 대차대조표를 보면 커다란 변화가 있다. 먼저 자산 합계가 6,889억 엔에서 1조 2,205억 엔으로 1년 사이에 80퍼센트 가까이 증가하며 1조 엔을 넘어섰다. 여기에 부채는 2,333억 엔이던 것이 7,019억 엔으로 약 3배나 증가했다. 그런데 자산과 부채가 급증했음에도 자본 합계는 4,482억 엔에서 5,096억 엔으로 10퍼센트 조금 넘게 증가하는 데 그쳤다. 〈가오〉의 자산과 부채가 증가한 주된 원인은 〈가네보 화장품〉을 2006년도에 4,000억 엔 이상을 들여 매수했기 때문이다. 이에 따라 자산이 상표권이나 연결조정계정을 중심으로 5,000억 엔 이상 증가했다.

　여기서 주목해야 할 것은 〈가오〉가 〈가네보 화장품〉을 매수하기 위한 자금의 대부분을 부채로 조달했다는 점이다. 2006년 3월기 말에 전기에 비해 단기차입금이 약 1,480억 엔, 장기차입금이 약 2,170억

도표 1-4 〈가오〉의 연결대차대조표

(단위: 백만 엔)

기별(期別) / 과목	2005년 3월 31일 현재 금액	구성비	2006년 3월 31일 현재 금액	구성비
(자산)		%		%
Ⅰ 유동자산	289,180	42.0	364,613	29.9
Ⅱ 고정자산	399,662	58.0	855,872	70.1
1. 유형고정자산	260,223	37.8	282,796	23.1
2. 무형고정자산	86,222	12.5	466,221	38.2
3. 투자와 기타자산	53,217	7.7	106,854	8.8
Ⅲ 이연자산	130	0.0	77	0.0
자산 합계	688,973	100.0	1,220,564	100.0
(부채)				
Ⅰ 유동부채	211,541	30.7	436,193	35.7
지급어음과 외상판매대금	70,993		96,507	
단기차입금	18,604		166,759	
1년 이내에 상환 예정인 전환 사채	2,596		–	
1년 이내에 상환 예정인 장기차입금	91		22,699	
⋮	⋮	⋮	⋮	⋮
Ⅱ 고정 부채	21,768	3.1	265,790	21.8
장기차입금	1,426		218,545	
⋮	⋮	⋮	⋮	⋮
부채합계	233,310	33.8	701,983	57.5
(소수주주지분)			3배	
소수주주지분	7,413	1.1	8,903	0.7
자본 합계	448,249	65.1	509,676	41.8
부채, 소수주주지분과 자본 합계	688,973	100.0	1,220,564	100.0

80% 증가

엔 증가했다. 둘을 합치면 3,650억 엔의 차입금이 증가했다.

왜 〈가오〉는 합계로도 약 227억 엔이었던 유이자부채를 전년도 말의 10배 이상으로 증가시키면서까지 〈가네보 화장품〉을 매수했을까? 여기에는 전략적인 이유와 재무적인 이유가 있다. 먼저 전략적으로는 백화점 등에서 강세를 보이는 〈가네보 화장품〉 브랜드를 손에 넣어 일본 국내시장의 점유율 상승을 꾀하고 아시아 진출의 교두보를 마련해 매출 상승을 노린 것으로 생각된다. 한편 재무적으로보면 〈가오〉는 자기자본비율이 지나치게 높았다. 75.7퍼센트에 이르렀던 〈불독소스〉만큼은 아니지만, 2005년도 말 시점에 〈가오〉의 자기자본비율은 65.1퍼센트나 되었다. 발군의 재무 상황이지만, 우량이기 때문에 '고민'이 되는 점도 있었다. 자기자본비율이 너무 높은 점이 왜 고민거리가 되는 것일까? 이는 '**부채와 순자산의 조달 비용**'과 관계가 있다.

 자기자본인가, 주주자본인가?

나는 '자기자본'이라는 말을 그다지 좋아하지 않는다. 마치 '자본(순자산)은 회사의 것'이라고 들리기 때문이다. 사실 예전에는 경영자가 자기자본을 마치 자신의 소유물처럼 취급하는 경우가 많았다. 그러나 자본은 틀림없이 주주의 것이다. 그리고 주주는 부채와는 다른 리스크를 받아들이고 자금을 회사에 제공했다. 따라서 자기자본이 아니라 주주자본이라고 불러야 타당하다.

　또 앞의 칼럼에서도 잠깐 다뤘듯이, 2006년의 회사법 시행으로 종래의 '자본'이 '순자산'으로 명칭이 바뀌었다. 좀 더 자세히 살펴보면, 그 순자산 중에서 자본금과 자본잉여금, 이익잉여금 등을 '주주자본', 여기에 유가증권의 평가손익 같은 '평가·환산 차액 등'을 더한 것을 '자기자본', 그리고 여기에 소수주주지분을 더한 것을 '순자산'이라고 부르게 되었다.

🥧 부채에도 순자산에도 조달 비용이 든다

　　자기자본비율은 기업의 중장기적인 안정성을 나타내는 중요한 지표이며, 자산이라는 재산을 마련하기 위해서는 부채라는 형태와 순자산(자본)이라는 형태로 자금을 조달한다고 앞에서 설명한 바 있다(도표1-3 참조). 그리고 이 자금조달에는 조달 비용이 당연히 들어간다. 부채에는 차입금이나 사채(社債) 같은 유이자부채와 외상판매대금 등 금리가 없는 무이자부채가 있는데, 유이자부채의 금리가 조달 비용이다. 무이자부채에서는 금리가 발생하지 않으므로, 현재의 금리 수준을 감안하면 유이자부채가 적은 기업은 부채 전체를 놓고 볼 때 조달 비용이 거의 없는 셈이 된다. 유이자부채가 많은 기업이라도 무이자부채를

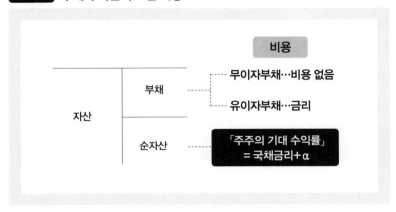

도표 1-5 부채와 자본의 조달 비용

생각하면 부채 전체의 조달 비용은 1~2퍼센트 정도가 아닐까 싶다.

한편 순자산의 조달 비용은 무엇일까? 강연에서 이 질문을 하면 대부분 '배당'이라고 대답한다. 결코 틀린 대답은 아니지만, 그렇다면 배당을 하지 않는 기업은 비용이 제로가 된다. 그러나 명확한 재무이론에 의하면 '**순자산의 조달 비용은 주주의 기대 수익률**'이다. 주주는 기업에 자본을 위탁했다. 순자산은 대략적으로 볼 때 주주가 출자한 '자본금', '자본잉여금' 등과 이익의 축적인 '이익잉여금' 등이다. 자본금과 자본잉여금이 '자본'이며 이익잉여금은 그 '과실'이라고도 할 수 있다. 어쨌든 순자산은 주주의 것이며, 주주로부터 기업이 위탁 받은 것이다. 이 순자산의 조달 비용인 '주주의 기대 수익률'은 조금 복잡할지도 모르지만 '국채금리+알파'와 같이 계산된다(**도표1-5**).

주주가 기업에 위탁한 순자산이 국채와 같은 수익률이라면 기업에 맡겨 놓을 필요가 없다. 자신이 국채를 사서 운용하는 편이 낫기 때문이다. 기업에 자금을 맡기는 이유는 리스크는 있지만 그만큼 국채보다 높은 수익률을 기대할 수 있기 때문이다. 그 분량이 '플러스 알파'가 된다(이것을 '리스크 프리미엄'이라고 한다). 그리고 이 플러스 알파는 주가의 변동 정도에 따라서도 달라지지만 수 퍼센트에서 10퍼센트 이상까지 기업에 따라 다양하다. 그러므로 우량 기업이라도 자본의 조달 비용이 최저 5퍼센트 정도는 들어간다.

바로 여기가 중요한 부분인데, 이렇게 되면 **부채의 조달 비용보다 순자산의 조달 비용이 훨씬 높다.** 금리가 워낙에 낮기 때문이다. 특히 상장기업에서는 이 점이 문제가 된다.

 국채와 리스크 프리미엄

현실이 어떤지는 둘째치고, 재무이론상 국채는 확실히 안전하게 운용할 수 있는 자산이라고 가정하며, 이에 따라 리스크는 없다고 상정한다. 반대로 리스크가 있는 투자 상품은, 당연하지만 국채보다 수익률이 높지 않으면 거래가 성립되지 않는다. 즉 국채 이외의 투자 상품은 국채보다 높은 적당한 수익률을 기대할 수 있어야 한다. 리스크가 높으면 금리는 당연히 높아진다. 이것을 리스크 프리미엄이 크다고 한다.

🌑 〈가오〉가 신경 쓴 것은 순자산의 조달 비용?

많은 사람들에게 낯선 용어겠지만, '가중평균자본비용 (Weighted Average of Cost of Capital)'이라는 것이 있다. 쉽게 말하면 부채의 조달 비용과 순자산의 조달 비용을 가중 평균한 것이며, 퍼센트로 나타낸다.

지금까지의 설명을 듣고 이해했으리라 생각하지만, 자기자본비율이 높은(즉 순자산이 많은) 기업은 가중평균자본비용이 높아진다. 부채의 조달 비용보다도 순자산의 조달 비용이 크기 때문이다.

그렇다면 가중평균자본비용가 높으면 어떻게 될까? 기업에 무엇이 필요해질까?

답은 이렇다. 가중평균자본비용은 자산을 마련하기 위한 자금의 조달 비용이므로 자산을 사용해 얻어야 할 이익도 이에 따라 높아져야 한다. 즉 '가중평균자본비용이 높다 = 높은 수익을 기대 받는다.'라는 관계가 된다. 자산을 사용한 이익률은 **자산이익률**(ROA=이익÷자산)'이고, 이것도 '퍼센트'로 나타낸다(이 지표도 중요한 지표이므로 정의를 확실히 기억해 두기 바란다. 뒤에서 자산이익률의 본질에 접근할 것이다). 눈치가 빠른 사람은 이미 깨달았겠지만, 자산이익률은 가중평균자본비용보다 높아야 한다. 자금의 조달 비용보다 이익이 더 커야 한다. 자산이익률을 산출할 때의 이익은 뒤의 손익계산서 부분에서 볼 '영업이익'이다. 일반적으로 자산이익률을 산출할 때의 이익은 무엇을 사용해도 상관없지만,

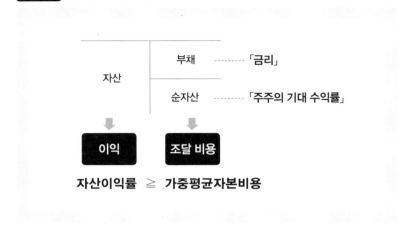

도표1-6 이익은 조달 비용보다 높아야 한다

자산

부채 ·········「금리」

순자산 ·········「주주의 기대 수익률」

이익

조달 비용

자산이익률 ≥ 가중평균자본비용

가중평균자본비용과 비교할 때는 금리를 지급하기 전의 이익과 비교할 필요가 있으므로 영업이익으로 계산하게 된다. 즉 '**(영업이익 기반) 자산이익률 ≥ 가중평균자본비용**'이어야 한다(**도표1-6**).

〈가오〉처럼 자기자본비율이 높으면 가중평균자본비용이 높아진다. 따라서 그만큼 많은 이익을 올려 자산이익률을 높이지 않으면 주주에게 좋은 평가를 받지 못하며, 결과적으로는 주가가 떨어질 수도 있다. 이것이 대차대조표로 알 수 있었던, 〈가오〉가 거의 차입금으로만 〈가네보 화장품〉을 매수한 이유라고 나는 생각한다. 즉 차입금을 늘림으로써 금리 부담은 늘어나지만, 자기자본비율을 크게 낮춤으로써 가중평균자본비용 자체가 낮아질 수 있다. 게다가 일시적으로 증가한 자산은 '연결조정계정'을 수시 상각해 나가는 등의 방법으로 축소된다.

자산이 축소되면 자산이익률은 높아진다. 또한 〈가네보 화장품〉은 산업재생기구의 관리를 받던 혼란기에도 안정되게 수익을 올려 왔으므로 〈가오〉의 산하에 들어와도 더욱 안정적인 수익을 창출할 것으로 생각된다. 수익이 오르면 자산이익률도 장기적으로 상승한다. 즉 〈가오〉로서는 가중평균자본비용은 하락하고 자산이익률은 상승하는 최상의 시나리오를 연출할 수 있는 것이다.

🌑 〈도요타 자동차〉가 무차입 경영을 하지 않는 이유도 가중평균자본비용 때문

　　　여담이지만, 〈도요타 자동차〉가 '무차입 경영'을 한다고 생각하는 사람이 꽤 많을 것이다. 얼마 전에 도쿄에서 지하철을 탔는데, 옆에 앉은 젊은 커플 중 남성이 여성에게 회계와 재무 이야기를 하고 있었다. 그 모습을 보고 나는 '이 젊은이는 꽤 열심히 공부를 하고 있군.'이라고 내심 감탄했다. 그런데 듣다 보니 남성이 여성에게 "도요타는 무차입 경영을 해."라고 이야기하는 것이 아닌가? 나는 "아닙니다." 라고 말해 주고 싶었지만 쓸데없는 참견이기에 그만뒀다.

　　〈도요타 자동차〉는 무차입 경영을 하지 않는다. 무려 약 12조 엔이나 되는 유이자부채가 있다. 물론 자산을 보면 현금·예금과 유가증권,

---

산업재생기구는 2003년 4월에 일본정부주도로 설립된 주식회사로 불량채권매입과 추가자금조달 등을 실시해 기업의 재건과 산업의 재생을 지원하는 기관이다.

〈도요타 자동차〉의 연결대차대조표

(백만 엔 미만 반올림)

과목	2007년 3월 말 현재
(부채)	백만 엔
유동부채	11,767,170
단기차입채무	3,497,391
1년 이내에 상환 예정인 장기차입채무	2,368,116
⋮	⋮
고정부채	8,343,273
장기차입채무	6,263,585
⋮	⋮
부채합계	20,110,443
(소수주주지분)	
소수주주지분	628,244
(자본)	
자본금	397,050
⋮	⋮
자본 합계	11,863,092
부채 · 소수주주지분과 자본 합계	32,574,779

금융채권 등이 풍부(약 10조 엔)하지만, '의외로' 유이자부채를 많이 가지고 있다. 이것은 지금 도요타가 전 세계에서 급격히 사업을 확대하고 있어 자금 수요가 왕성한 탓도 있지만, 아마도 본질은 다른 곳에 있을 것이다. 여기서 이야기한 가중평균자본비용의 문제가 크다고 생각된다. 1.6조 엔이나 되는 순이익을 내는 〈도요타 자동차〉는 가만히 있으면 이익이 쌓여서 순자산(자본)이 계속 불어난다. 지금까지 공부했듯

이 순자산의 조달 비용은 부채보다 훨씬 높다. 그래서 도요타는 유이자부채를 조달해 밸런스시트에서 자산과 부채 모두 '팽창시킴'으로써 가중평균자본비용을 낮추고 있는 것이다. 〈가오〉와 〈도요타 자동차〉 모두 초우량 기업이기 때문에 이러한 '고민'을 안고 있다고 할 수 있다.

🌑 M&A에는 시가총액 증대가 최대의 방어책

〈가오〉가 〈가네보 화장품〉을 매수한 데는 이유가 하나 더 있다. 바로 적대적 매수를 방어하기 위해 시가총액을 증가시킨 것이다.

우선 이익이나 자산이익률이 상승하면 주가가 오를 테고 시가총액(주가×주식수)이 증가하기 때문에 적대적 매수자 등이 매수를 시도하기 어려워진다.

또한 〈가네보 화장품〉을 인수하면서 기업 규모가 확대되므로 이것도 시가총액을 크게 할 가능성이 있다. 2007년에 이른바 **'삼각 합병'**, 좀 더 정확히 말하면 외국 주식을 대상으로 한 **'주식교환방식 M&A'**가 인정받게 되었다. 외국 기업이 현금이 아닌 자사 주식을 대가로 일본 기업을 매수할 수 있게 된 것이다. 〈가오〉의 라이벌인 〈피앤지〉는 시가총액이 〈가오〉의 10배나 된다. 앞으로 〈피앤지〉가 〈가오〉의 주주를 상대로 자사 주식과 〈가오〉 주식의 교환을 요청할 가능성은 충분히 생각할 수 있다. 〈피앤지〉뿐만 아니라 〈유니레버〉나 〈로레알〉도 일본 시장에서 존재감 확대를 노리고 있을 것이다. 그럴 경우 〈가오〉로서는 자사의 시가총액을 가능한 한 높여 두는 것이 최대의 방어책이 된다.

〈미쓰코시 백화점〉이 〈이세탄 백화점〉과, 〈마쓰자카야 백화점〉이 〈다이마루 백화점〉과 각각 지주회사를 이용해 경영 통합을 한 것도 전략상의 의미가 물론 있지만, 적대적 매수를 피하기 위한 이유도 크다. 통합을 함으로써 상장사인 지주회사의 시가총액이 커지기 때문이다.

시가총액을 키우는 것은 분명히 기업 방어에 효과적인 방책이다. 이때 비즈니스의 본질을 생각하면 '**고객에게 좋은 상품이나 서비스를 제공해 이익을 높임**'에 따라 주가가 오르고, 그래서 시가총액이 증가하는 게 바람직하다. 적대적 매수 방어를 위해 시가총액을 늘리는 통합을 했더라도 그것이 고객을 위해서가 아니라면 결국은 잘 되지 않을 것이 뻔하다.

🫐 외국계 펀드가 노리는 기업의 대차대조표

　　　　이번에는 '외국계 펀드의 표적이 되는 기업'의 대차대조표
와 재무제표에 관해 살펴보자.

　외국계 펀드를 소재로 만든 '하게타카'라는 드라마가 인기를 모았
다. 일본사회에 펀드라는 것이 그만큼 깊숙이 침투했다는 증거일 것
이다. 세상에는 적대적 매수를 마다하지 않는 곳에서 우호적인 매수
만 하는 곳까지 다양한 펀드가 있다. 그리고 일본에서도 펀드의 기업
매수가 진행되고 있다. 펀드를 은행 등의 간접 금융, 사채나 주식 발행
등의 직접 금융에 이어 제3의 금융이라고까지 부르는 사람도 있다.

　그런 가운데 미국의 〈스틸파트너스〉가 〈불독소스〉의 주식을 사 모
으고 주식공개매수를 실시했다. 그러자 〈불독소스〉는 '신주 예약권'을
사용한 '적대적 매수 방어책(포이즌 필)'을 도입했고, 결국 이에 대한 소
송이 대법원까지 올라가는 사태로 발전했다. 대법원의 판결은 〈불독
소스〉의 손을 들어주었지만, 〈스틸파트너스〉의 신주 예약권을 강제 매
수하기 위한 비용 등이 불어나는 바람에 〈불독소스〉의 경영에도 커다
란 영향을 끼쳤다.

　왜 〈스틸파트너스〉는 〈불독소스〉에 적대적 매수의 손길을 뻗쳤을
까? 이 펀드는 〈불독소스〉 외에도 일본 3위 맥주기업 〈삿포로홀딩스〉,
그리고 예전에는 라면 전문 식품 회사 〈묘조식품〉 등의 주식도 사 모
았다. 물론 〈스틸파트너스〉가 봤을 때 주식을 사 모으면 결과적으로

'돈을 벌 수 있다'는 인식이 있었기 때문이지만, 이 '돈을 벌 수 있다'는 근거는 무엇이었을까? 그것은 이 기업들의 대차대조표를 보면 명백하게 드러난다.

이들 회사는 모두 '**자기자본비율**'이 높고 '**자기자본이익률**(ROE=순이익÷자기 자본)'이 낮다(〈삿포로홀딩스〉의 자기자본비율은 절대적 수치가 높지 않지만, 토지 등의 미실현 이익을 생각하면 실질적으로는 자기자본비율이 높다고 생각할 수 있다). 또 '자기자본이익률'은 앞에서 나온 '자산이익률(ROA=이익÷자산)'과는 다르므로 주의하기 바란다.

먼저 '낮은 자기자본이익률'은 '높은 자기자본비율'과 커다란 관계가 있다. 다음 도표(**도표1-8**)를 보기 바란다. 자기자본이익률은 자기자본에 대한 순이익의 비율이다(여기서는 계산을 간단히 하기 위해 자기자본=순자산으로 간주했다). 자기자본이익률에서 사용하는 이익은 세금을 납부한 뒤의 '순이익'이다. 순이익을 사용하는 이유는 주주에게서 받은 자금에 대한 이익률을 계산하는 것이기 때문이다. 주주에게는 세금을 납부한 뒤의 이익(=순이익)을 귀속한다. 앞에서 설명한 자산이익률을 가중평균자본비용과 비교할 때는 '영업이익'으로 계산했다(자산이익률의 경우, 다른 회사와 비교할 때는 영업이익뿐만 아니라 경상이익이나 순이익이어도 상관없다). 그러나 자기자본이익률은 무조건 순이익이다. 세상에는 아무리 작은 일에도 반드시 '이유'가 있다. 항상 '왜?'라고 생각하면 전보다 더 깊숙한 부분이 보이게 될 것이다

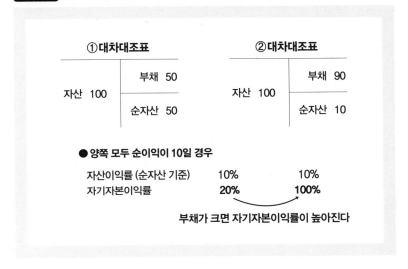

도표1-8 자기자본비율이 낮을수록 자기자본이익률은 높아진다

①대차대조표

자산 100 | 부채 50
자산 100 | 순자산 50

②대차대조표

자산 100 | 부채 90
자산 100 | 순자산 10

● 양쪽 모두 순이익이 10일 경우

자산이익률 (순자산 기준)　10%　10%
자기자본이익률　　　　　**20%**　**100%**

부채가 크면 자기자본이익률이 높아진다

　순이익이 10인 회사가 있다고 가정하자(도표1-8). 이 회사의 자산이
100이라면 부채와 순자산의 합계도 100이다. 사례1에서는 이 회사의
자기자본비율이 50퍼센트라고 가정한다. 부채가 50, 순자산이 50이다.
그러면 자기자본이익률은 20퍼센트(10÷50)가 된다. 사례2에서는 이
회사의 자기자본비율이 10퍼센트라고 가정한다. 부채 90, 순자산 10
이다. 그러면 자기자본이익률은 10/10이 되어 100퍼센트로 상승한다.
같은 자산 규모와 순이익이라도 자기자본비율이 낮을수록 자기자본
이익률은 높아지는 것이다.
　자기자본이익률이 낮으면 어떻게 될까? 주주에게 위탁 받은 자금

에 대한 수익이 낮다는 뜻이므로 자기자본이익률이 높은 회사보다 주가가 떨어지기 쉽다. 참고로 〈불독소스〉의 자기자본이익률은 2007년 3월기 현재 3.0퍼센트다. 지금까지 화제로 삼았던 〈가오〉의 같은 기 자기자본이익률은 12.2퍼센트, 〈도요타 자동차〉는 13.9퍼센트다. 당연한 말이지만 자기자본이익률이 낮아 주가가 낮은 회사는 매수 대상이 되기 쉽다. 적은 금액으로도 회사를 매수하는 것이 가능하기 때문이다. 이런 회사가 자기자본비율이 높고 재무적으로는 안정되어 있으며 안정적으로 현금흐름을 낳고 있다면 매수자가 볼 때 군침이 돌 정도의 먹음직한 표적이 된다.

🥧 '자산이익률' 과 '자기자본이익률' 중 어느 쪽이 더 중요할까?

　　　　그렇다면 '자산이익률'과 '자기자본이익률' 중 어느 쪽이 더 중요한지 생각해 보자. 이것은 경영이라는 관점에서 볼 때 매우 중요한 문제다.

　답은 '자산이익률'이다. 그러나 이것을 제대로 이해하고 있는 사람은 안타깝지만 그다지 많지 않을 것이다. 꽤 오래 전에 책을 쓰기 위해 자료를 조사하는 과정에서 일본의 상장기업 경영자를 대상으로 '가장 중시하는 경영지표는 무엇인가?'라는 〈니혼게이자이신문〉의 설문조사를 발견했다. 복수 회답이 가능했는데, 압도적인 1위에 오른 지표는

$$자산이익률 = \frac{순이익}{자산} = \frac{순이익}{매출액} \times \frac{매출액}{자산}$$

$$= (매출이익률) \times (자산회전율)$$

$$자기자본이익률 = \frac{순이익}{순자산} = \frac{순이익}{매출액} \times \frac{매출액}{자산} \times \frac{자산}{순자산}$$

$$= (자산이익률) \times (재무 레버리지)$$

자산이익률이 더 중요하다

바로 '자기자본이익률'이었다.

나는 그 조사를 보고 큰 충격을 받았다. '왜 자산이익률이 아니라 자기자본이익률이지?'라는 생각에서였다. 자산이익률이 중요하다는 사실은 간단한 논리로 알 수 있다. 도표1-9를 보자. 여기서는 이익을 순이익으로 봤는데, 자산이익률과 자기자본이익률은 그림과 같은 식으로 분해할 수 있다. 결론적으로는 '자기자본이익률 = 자산이익률 × 재무 레버리지'라는 계산식이 된다. 재무 레버리지는 '자산 ÷ 순자산'이다.

즉 자기자본이익률을 높이려면,

① 자산이익률을 높인다

② 재무 레버리지를 높인다

는 방법이 있다. 그러면 여기서 재무 레버리지(자산÷순자산)는 무엇일까? 이것은 자기자본비율(순자산÷자산)의 역수다. 즉 앞항의 설명과 똑같다. **자기자본비율이 낮을수록 같은 이익을 내더라도 자기자본이익률은 높아진다.** 그리고 좀 더 곰곰이 생각해 보기 바란다. 자기자본비율은 기업의 중장기적인 재무 안정성을 나타내는 중요한 지표였다. 즉 재무 안정성을 낮출수록 같은 순이익이라도 자기자본이익률을 높일 수가 있는 셈이다.

내 말은 자기자본이익률은 경시해야 한다는 뜻이 아니다. 오히려 반대다. 주가 대책을 위해서도 자기자본이익률을 높여야 한다. 그러나 그림의 식을 볼 때 우선순위로 삼아야 할 것은 자산이익률이다. 자산이익률을 높여서 주가를 올려야지, 재무 레버리지를 높이는 방법으로 자기자본이익률을 높인다면 재무 생산성의 견지에서 문제를 낳을 수 있다. 또 레버리지라는 것은 원래 '지렛대'라는 의미인데, 재무의 세계에서는 '부채', 특히 '유이자부채'를 가리킨다. 부채가 지렛대의 역할을 하기 때문이다. 자기자본비율이 높은 기업은 자사주 매입 등으로 조금씩 자기자본비율을 낮춰도 문제가 되지 않지만, 역시 경영자는 자기자본이익률보다 먼저 자산이익률를 높일 방법을 염두에 둬야 한다.

또 자기자본이익률보다 자산이익률이 더 중요한 이유에는 '경영철학'적 의미도 있다. 앞에서 자산을 마련하기 위해 부채와 순자산으로 자금을 조달한다고 설명한 바 있다. 경영자는 그 부채와 순자산 양쪽에 대해 책임이 있으며 그에 어울리는 수익을 내야 한다. 그것이 자산이익률이다. 순자산에 어울리는 수익(자기자본이익률)만 내면 그만이 아님은 명백하다. 자기자본이익률을 최우선으로 생각한다는 말은 주주가 제일이며 부채는 그 다음이라고 말하는 것과 같아서, 부채를 제공하는 사채권자나 은행에 실례가 되는 생각이라고 나는 생각한다. 그러므로 경영자는 자산이익률을 높임으로써 자기자본이익률을 높인다는 '건전한' 생각을 해야 한다.

🌑 자기자본비율이 높은 회사가 표적이 되는 이유

그러면 왜 〈불독소스〉처럼 자기자본비율이 높은 회사가 표적이 될까? 그 이유는 펀드가 이익을 올리는 구조와 관계가 있다.

〈스틸파트너스〉 같이 '행동주의자(Activist)'라고 부르는 펀드는 보통 매수 표적으로 삼은 기업의 주식을 약 10퍼센트 이상 사들여 어느 정도 발언권을 보유하고 기업에 배당 증액 등을 요구한다. 그리고 투자수익률을 높이려 한다. 물론 주가의 상승도 중요해서, 〈묘조식품〉의 사례처럼 자금력이 풍부했던 일본 최대 라면 회사 〈닛신식품〉이 '백기사(적대적 매수자로부터 기업을 도와주는 곳을 가리킨다)'로 등장해 〈스틸파트너스〉가 보유한 〈묘조식품〉의 주식을 비싸게 사 주는 경우는 펀드로서 더할 나위 없이 좋은 상황이라 할 수 있다.

펀드는 펀드에 투자한 투자자와 '수익률이 10퍼센트를 넘으면 그 수익의 20퍼센트를 성공 보수로 받는다.'와 같은 계약을 맺는다. 즉 어느 정해진 수익률까지는 투자가가 수익을 전부 가져가는 것이 일반적이다. 즉, 계약한 수익률 이상을 내지 못하면 펀드는 한 푼도 벌지 못한다. 그러므로 펀드로서는 수익률이 매우 중요한 문제다(도표1-10).

그래서 펀드에게는 수익률을 높이기 위한 좋은 방법이 있다. 차입금을 이용하는 방법이다. 펀드가 투자 자금에 차입금을 사용하면 투자 수익률을 높일 수 있다. 가장 단순한 방식을 먼저 설명하도록 하겠다. 가령 10억 엔을 투자해서 매년 1억 엔의 수익을 낳고 있다고 가정하자. 단순히 생각하면 수익률은 연리로 10퍼센트(1÷10)다. 그런데 이 투자액 10억 엔 가운데 5억 엔이 차입금이고 그 금리 부담이 연간 2퍼센트라고 가정하자. 나머지 5억 엔은 투자자들로부터 투자 받은 자금이다. 그러면 수익률은 얼마가 될까? 이익이 1억 엔이고 빌린 5억 엔의 금리가 그 2퍼센트인 1,000만 엔이므로 순이익은 0.9억 엔이 된다. 즉 투자액 5억 엔에 대한 이익률이 18퍼센트로 단숨에 뛰어오르는 것이다. 만약 차입금이 9억 엔이고 투자액이 1억 엔이라면 투자 수익률은 82퍼센트가 된다. 한번 직접 계산해 보기 바란다.

기업 전체를 매수하는 펀드를 '바이아웃 펀드'라고 부를 때가 있는데, 이 또한 기본적으로는 차입금을 이용한다. 그것을 '차입매수(LBO, Leveraged Buy-Out)'라고 한다. 앞에서 '레버리지'라는 말이 나왔던 것을

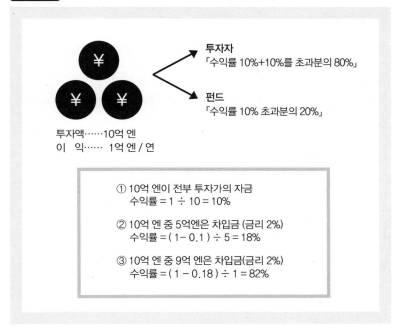

투자자
「수익률 10%+10%를 초과분의 80%」

펀드
「수익률 10% 초과분의 20%」

투자액……10억 엔
이   익…… 1억 엔/연

① 10억 엔이 전부 투자가의 자금
  수익률 = 1 ÷ 10 = 10%

② 10억 엔 중 5억엔은 차입금 (금리 2%)
  수익률 = (1 − 0.1) ÷ 5 = 18%

③ 10억 엔 중 9억 엔은 차입금(금리 2%)
  수익률 = (1 − 0.18) ÷ 1 = 82%

기억하는가? 자기자본비율의 역수를 '재무 레버리지'라고 부르며, 레버리지는 부채, 특히 유이자부채를 가리킨다고 설명한 바 있다. 차입매수는 차입금을 섞어 투자하는 방식으로, 펀드는 차입매수를 이용해 수익률을 높인다. 그리고 조금 복잡한 구조라 자세한 설명은 하지 않겠지만, 바이아웃 펀드가 기업을 매수하면 매수된 기업이 그 차입매수에 사용된 차입금을 갚게 된다(도표1-11).

앞항의 설명에서도 알 수 있듯이, 차입매수를 행할 때는 부채 비율이 높을수록 수익률도 높아진다. 그러나 매수한 기업이 부채를 상환해야 하기 때문에 너무 과도하게 레버리지를 걸면(부채의 비율을 높이면) 이번에는 재무 안정성에 영향을 줘서 매수한 기업이 도산할 우려도 있다. 그렇게 되면 펀드는 본전도 건지지 못하게 된다. 그런데 매수된 기업의 자기자본비율이 높으면 그 기업에 상당한 빚을 짊어지울 수가 있다. 즉 펀드로서는 투자액 중 차입금의 비율을 높여 투자 수익률을 향상시켜도 위험성이 적다.

〈스틸파트너스〉가 〈불독소스〉 주식의 공개매입을 시도한 것도 소수 주주의 권리를 주장하려는 행동주의자로서가 아니라, 상황에 따라서는 〈불독소스〉의 높은 자기자본비율을 이용해 차입매수로 주식 전부를 취득하려는 의도가 아니었을까 생각된다. 바이아웃 펀드가 볼 때 자기자본비율이 높은 회사는 레버리지를 건 매수가 용이하다는 점에서 매력적인 표적이다.

🥧 일본 기업은 왜 높은 자기자본비율과 낮은 자기자본이익률을 방치하는 것일까?

미리 말해 두지만, 나는 〈스틸파트너스〉처럼 적대적 매수를 강행하는 방식은 일본의 경영에 맞지 않는다고 생각한다. 나도 바이아웃 펀드와 관계를 맺고 있지만 적대적인 매수는 절대 하지 않는다.

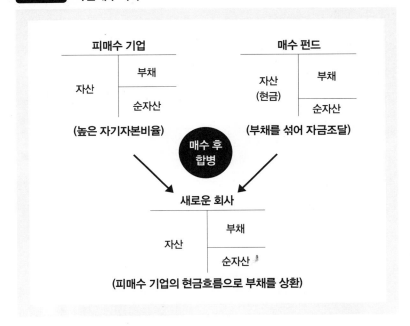

적대적 매수에 성공하더라도 결과적으로는 잘 될 리가 없다고 생각하기 때문이다. 일본에는 일본의 경영 풍토에 바탕을 둔 일본의 방식이 있다.

　그러나 그렇다고 해서 적대적 매수가 모두 악이라고도 생각하지 않는다. 충분한 자산을 보유하고 있으면서도 이를 효과적으로 활용하지 못하고 비효율적인 경영을 하는 기업이 적대적 매수 등에 대해 긴장감을 품고 경영 개선을 위해 노력하는 것은 좋은 일이라고 생각한다.

그렇게 된다면 국가 전체의 활력도 상승할 것이다.

　나는 기업의 존재 의의를 '좋은 상품이나 서비스를 고객에게 제공하고 그것을 통해 사회에 공헌하는 것'이라고 생각한다. 이것을 게을리 해서는 기업이 존재할 이유가 없다. 그러므로 더 나은 상품이나 서비스를 제공하도록 압력을 넣는 펀드에는 대찬성이며, 그런 활동을 저해하고 단순히 자산 매각을 강요하는 펀드나 기업 매수에는 반대한다. 또 경영 능력이 떨어지는 경영자가 자리를 지키고자 실시하는 적대적 매수 방어책 등도 당연히 반대한다. 자신들의 부족한 노력이나 능력을 매수 방어책으로 메울 바에는 차라리 상장을 폐지하고 마음대로 경영하면 그만이다. 그러면 고객이나 시장이 판단을 내릴 것이기 때문이다. 기업은 상장을 하지 않는다는 선택도 당연히 할 수 있다. 충분한 성과도 내지 못하면서 껄끄러운 주주는 제외시켜서라도 상장을 유지하고 싶어 하는 '이기적인' 사고방식은 좋지 않으며 나라 전체에도 도움이 되지 않는다.

🥧 기업 매수 보호는 국익에 맞는 판단이 필요

　　　매수와 관련된 내 생각을 조금 더 이야기하고자 한다. 현재 일본의 법제도는 '국익'이라는 관점에서의 매수 방어라는 관념이 희박하다.

미국에는 '엑슨·플로리오 조항'이라는 것이 있어서, 매수가 국익에 부합되지 않는다고 판단되면 대통령이 그것을 저지할 수 있다. 경제 거품으로 일본 기업의 외국 자산 매수가 한창 유행하던 때 〈후지쓰〉가 미국의 반도체 회사인 〈페어차일드〉를 매수하려고 한 것이 계기가 되어 만들어진 조항이다. 실제로 발동된 적은 지금까지 딱 한 번밖에 없지만, 외국 기업이 미국 기업을 매수하는 데 대한 견제 작용을 하고 있는 것은 사실이다.

일본의 경우, 외국환법의 규제에 따라 '국방'에 관련된 기업의 매수에는 어느 정도 제동 장치가 마련되어 있다. 항공기와 원자력, 탄소 섬유 등이 대상이다. 그러나 국방 관련 분야만을 국익과 관계가 있다고 보는 것은 너무나도 범위가 좁다고 생각한다. 일본은 기업 경제로 국가의 기반을 지탱하고 있다. 자원이나 식료는 부족하다. 그리고 기업이 독자적인 기술이나 노하우를 구사해 국력을 유지하고 있다. 그러니 국방뿐만 아니라 첨단 기술이나 특수 기술을 지키기 위한 포괄적인 법률을 만드는 것이 국익에 부합되지 않을까?

그러나 한편으로 그렇지 않은 산업이나 기업은 자유롭게 M&A를 실시할 수 있도록 하는 것이 경제의 활력을 높일 수 있음은 명백하다. 국익에 거의 영향을 주지 않는 극미한 일개 기업의 존립을 유지하기 위해 효율성이 더욱 높은 대규모 재편을 저해하는 상황은 피해야 한다.

🕑 왜 〈이온〉은 〈다이에〉를
자회사가 아닌 관련회사로 만들었을까?

이제 한 가지만 더 살펴보고 대차대조표 이야기를 매듭짓고자 한다. 주제는 '왜 〈이온〉은 〈다이에〉를 자회사로 만들지 않았는가?'이다. 여기서는 '연결'이라는 개념을 간단하게 설명할 것이다.

〈이온(AEON, 다양한 소매점 브랜드를 거느린 유통대기업)〉은 경영 위기로 인해 산업재생기구 밑에서 사업을 지속하던 〈다이에(DAIEI, 대형마트와 수퍼마켓 체인을 보유한 회사)〉를 그룹회사로서 산하에 두게 된다. 덕분에 〈이온 그룹〉은 매출액 6조 엔이 넘는 일본 최대의 소매업 체인이 되었다. 그러나 〈이온〉은 〈다이에〉를 자회사로 만들지는 않았다. 15퍼센트의 출자액으로는 자회사라 할 수 없다.

자회사란 "모회사가 50퍼센트가 넘는 주식을 보유하고 있는 회사"이며, 조금 깊게 보면 "실질적으로 지배하고 있다고 판단되는 회사"라고 할 수 있다.

회계상으로 보면 **자회사는 대차대조표나 손익계산서에서 모회사와의 거래를 상쇄시킨 다음 각 계정과목을 전부 합산한다(도표1-12).** 때문에 자회사는 모회사와의 거래가 상쇄된다. 예를 들어 모회사가 자회사에 돈을 빌려 줬다면 모회사로서는 대부금, 자회사로서는 차입금이 되는데, 이것은 서로 상쇄된다. 동일 그룹을 하나의 조직으로 간주한다면 그룹 밖에서 봤을 때는 돈 거래가 없는 것과 마찬가지다. 이와 마찬가지로

자회사와 관련회사

자회사

	대차대조표	손익계산서	현금흐름계산서
모회사			
	+	+	+
자회사1			
	+	+	+
자회사2			
	+	+	+
「연결」			

(모회사와 자회사 간의 거래를 제외한 나머지를 전부 합산)

관련회사

「**지분법**」 지분에 따른 이익을 '**영업외손익**' 으로 계상

(예) 30%를 보유하는 관련회사가 5억 엔의 순이익을 올렸을 때
5억 엔 × 30% = 1.5억 엔···**지분법 손익**

모회사와 자회사 사이의 매출 역시 상쇄된다. 한 쪽은 매출액, 다른 한 쪽은 매입액이기 때문이다. 그리고 그 밖의 것은 모두 연결결산서 상에서 합산된다. 가령 모회사가 10억 엔의 현금·예금을 가지고 있고 자회사가 6억 엔의 현금·예금을 보유하고 있다면 연결대차대조표의 현금·예금은 16억 엔이 된다. 차입과 매출도 그룹 내부의 거래가 아닌

것은 모두 합산된다.

그러나 자회사 이외의 그룹회사, 가령 '**관련회사**'에 대해서는 각 계정과목을 합산하지 않는다. '**지분법**'이 적용되는 경우에는 그 지분에 상응하는 손익이 손익계산서의 '영업외손익'에 계상될 뿐이다. 예를 들어 주식의 30퍼센트를 보유하고 있는 관련회사가 5억 엔의 순이익을 올렸다면 5억 엔×30퍼센트=1.5억 엔의 영업외수익('지분법에 따른 투자이익')이 계상될 뿐이다. 이렇듯 관련회사에 관해서는 손익계산서의 영업외손익이 바뀔 뿐이므로 지분법을 '한 줄로 된 연결(One line consolidation)'이라고 부를 때도 있다.

자회사와 관련회사는 연결재무제표에 끼치는 영향이 크게 다르다. 특히 2000년 3월기 결산부터는 연결재무제표가 주된 개시 대상이 되어 개별 기업의 재무제표보다 중요한 역할을 하게 되었기 때문에 자회사냐 관련회사냐는 기업 결산에 큰 영향을 끼친다.

〈이온〉은 〈다이에〉의 부채를 합산하고 싶지 않았다

〈이온〉의 산하로 들어간 후 〈다이에〉의 대차대조표를 보면 파산 전과 비교할 때 크게 개선되었다. 파산 전에는 채무초과(=순자산이 마이너스) 상태였으며 또 매출액보다 많은 유이자부채를 안고 있었지만, 산업재생기구 아래서 은행 채무를 면제 받은 덕분에 2007년 2월기

도표 1-13① 〈다이에〉의 연결대차대조표

(단위 : 백만 엔)

과목	기별(期別)	당 연결회계년도 (2007년 2월 28일)
		금액
(부채)		
Ⅰ 유동부채		
지급어음과 외상매입대금		85,105
단기차입금		83,542
1년 안에 상환할 장기차입금		330,663
⋮		⋮
유동부채 합계		606,401
Ⅱ 고정부채		
장기차입금		228,201
⋮		⋮
고정부채 합계		344,349
부채 합계		950,750

밑줄은 유이자 부채…합계 약 6,400억 엔

에는 유이자부채가 약 6,400억 엔까지 감소했다. 같은 기의 매출액이 약 1조 2,800억 엔, 매출총이익이 약 5,900억 엔이므로, 아직 유이자부채가 많기는 하지만 파산 상황은 벗어났다. 자기자본비율도 채무초과 상황에서 개선되어, 소수주주지분을 포함해 16.6퍼센트로 거의 건전한 수준까지 회복되었다(도표1-13①).

한편 〈이온〉은 같은 기에 매출액 약 4조 3,500억 엔, 매출총이익 1조 2,600억 엔, 유이자부채 1조 400억 엔, 자기자본비율은 34퍼센트

(단위 : 백만 엔)

구분	당 연결회계년도 (2007년 2월 20일)
	금액
(부채)	
Ⅰ 유동부채	
1 지급어음과 외상매입대금	517,469
2 단기차입금	98,979
3 1년 안에 상환 예정인 장기차입금	143,546
4 1년 안에 상환 예정인 사채	30,000
5 기업어음(Commercial Paper)	6,000
⋮	⋮
유동부채 합계	1,232,134
Ⅱ 고정부채	
1 사채	198,509
2 장기차입금	564,553
⋮	⋮
고정부채 합계	1,101,427
부채 합계	2,333,562

밑줄은 유이자 부채…합계 약 1조 400억 엔

(8.2퍼센트의 소수주주지분을 포함)를 기록했다(**도표1-13②**).

만약 〈이온〉이 〈다이에〉를 연결 대상인 자회사로 만들면 계산상으로는 유이자부채가 양사의 합계인 1조 6,800억 엔, 자기자본비율은 29.7퍼센트로 하락한다. 자기자본비율 약 30퍼센트가 결코 나쁜 수치는 아니지만, 〈이온〉은 최근 수년 사이에 급격히 성장함에 따라 1,000

억 엔 단위의 증자를 실시해 자본 증강을 꾀하고 있다. 그런 상황에서 〈다이에〉를 자회사로 흡수해 연결 대상으로 만들면 그 노력에 역행하는 결과가 되어 버리는 것이다.

그리고 〈이온〉으로서는 굳이 〈다이에〉를 자회사로 만들지 않더라도 거래처를 공유하고 시스템과 데이터를 공유할 수 있다면 소기의 목적은 달성했다고 볼 수 있다. 따라서 '영향력'만 유지할 수 있다면 그것으로 충분하다. 〈다이에〉가 '〈이온〉 산하'에 있기만 한다면 굳이 연결 채무를 늘려서 표면적인 재무 내용의 악화를 초래할 필요가 없다. 〈다이에〉의 실적이 상승해 재무 내용이 개선된 다음에 자회사로 만들어도 늦지 않다.

경영을 할 때는 기업 전략과 회계 처리라는 두 가지 측면을 고려하여 미묘한 판단을 내려야 한다. 이처럼 기업의 전략은 개별성이 강한데, 대차대조표를 경영적으로 이해하면 그 단면을 쉽게 읽어낼 수 있다.

제2장

왜 정부는 재정적자여도 쉽게 파산하지 않을까?

……

손익계산서

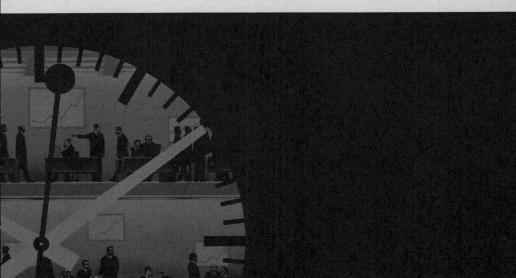

일본의 재정 적자가 장기·단기를 합쳐 800조 엔을 돌파했다. 장기적으로는 금리 상승의 우려도 있다. 일본의 재정 사정은 기업의 손익계산서와 비교해 보면 훤히 들여다보인다. 그렇다면 먼저 손익계산서가 무엇인지에 대해 이해해야 할 것이다.

💫 손익계산서란 무엇인가

　　손익계산서는 기업이 일정기간 동안 기록한 '손익'의 상황을 나타낸 것이다. 손익이라는 것은 '이익 또는 손해'를 뜻하며, 일정기간은 예를 들면 1년 사이에 얼마나 이익을 올렸는가, 혹은 손해를 봤는가를 나타낸다. 여기서는 〈닛산 자동차〉의 2007년 3월기 손익계산서를 사용해 손익계산서의 내용을 설명하도록 하겠다(도표2-1).

　　먼저 매출액이 있다. 10조 4,685억 엔이다. 10조 엔을 넘어서는 매출액이다. 매출액을 볼 때는 반드시 전년도에 비해 얼마나 증가했는지, 혹은 감소했는지 봐야 한다. 〈닛산 자동차〉는 11.0퍼센트 증가했다. 인터넷 상에서 볼 수 있는 손익계산서에는 전년도 수치도 나와 있으므로 얼마나 차이가 있는지 비교해 보기 바란다.

　　왜 매출액의 증감이 중요할까? **매출액은 그 회사와 사회의 접점의 크기를 나타내기 때문이다.** 회사는 상품이나 서비스를 고객에게 제공한다. 그 대신 회사가 얻는 것이 매출액이다. '대가(代價)'라는 표현을 쓰는 것은 그 때문이다. 달리 말하면 사회에서 기업의 '존재감' 자체를 나타내는 것이 매출액이다. 매출액이 증가는 사회에서의 존재감이 커짐을, 하락은 존재감이 작아짐을 의미한다.

　　기업은 상품이나 서비스를 통해 사회에 공헌한다. 그러므로 매출액은 사회에 대한 공헌도라는 의미로 파악할 수도 있다. 그래서 매출액의 증감이 중요한 것이다(내가 '매출액'이라는 표현을 사용한 것에도 주의하기

도표 2-1 〈닛산 자동차〉의 연결손익계산서

(단위: 백만 엔)

과목	2006년도 (06/4~07/3)	2005년도 (05/4~06/3)	전년도 대비 증감률
	100%	100%	
매출액	10,468,583	9,428,292	11.0%
매출원가	8,027,186	7,040,987	
	23.3%	25.3%	
매출총이익	2,441,397	2,387,305	2.3%
판매비와 일반관리비	1,664,458	1,515,464	
	7.4%	9.2%	
영업이익	776,939	871,841	△10.9%
영업외수익	65,914	74,799	
수취이자와 배당금	25,546	21,080	
지분법에 따른 투자이익	20,187	37,049	
환차익	5,796	–	
그 밖의 영업외이익	14,385	16,670	
영업외비용	81,802	100,768	
지급이자	30,664	25,646	
퇴직급여회계 기준변경시의 차이	10,928	11,145	
환차손	–	34,836	
그 밖의 영업외비용	40,210	29,141	
	7.3%	9.0%	
경상이익	761,051	845,872	△10.0%
특별이익	73,687	82,455	
특별손실	137,306	119,286	
	6.7%	8.6%	
법인세 차감 전 순이익	697,432	809,041	△13.8%
법인세, 주민세와 사업세	202,328	274,463	
법인세 등 조정액	9,834	△20,055	
소수주주 이익	24,474	36,583	
	4.4%	5.5%	
당기순이익	460,796	518,050	△11.1%

바란다. 일반적으로는 '매출'이라는 말을 사용하지만, 회계적으로는 '매출액'이 올바른 용어다).

🟤 자산과 매출액의 관계도 중요하다

매출액의 증감을 볼 때 또 한 가지 주의할 점이 있다. 대차대조표의 자산 증감률과 매출액 증감률의 관계에서 어느 쪽이 더 큰지가 중요하다. 이 때 '매출액 증가율 > 자산 증가율'이라면 정상적인 관계다. 만약 매출액의 증가율보다 자산 증가율이 더 크다면 자산의 활용도가 나쁜 것이다. 달리 말하면 사용한 자산에 비해서는 매출액이 그다지 증가하지 않아 자산 활용의 효율이 떨어졌다는 이야기다. 이를 보여주는 지표가 자산회전율(= 매출액 ÷ 자산)로 자산의 효과적인 활용도를 나타낸 중요한 지표다(도표2-2).

〈닛산 자동차〉의 경우, 매출액은 앞에서도 살펴봤듯이 전기에 비해 11퍼센트 상승했는데 자산증가율은 8퍼센트다. 자산회전율이 0.82배에서 0.84배로 상승했다. 즉 자산의 효과적 활용도가 높아졌다고 할 수 있다.

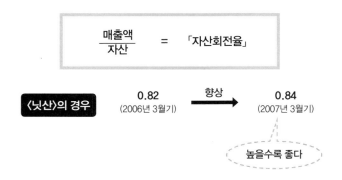

도표 2-2 자산회전율

$$\frac{\text{매출액}}{\text{자산}} = \ulcorner \text{자산회전율} \lrcorner$$

〈닛산〉의 경우　　0.82　→ 향상 →　0.84
　　　　　　　　(2006년 3월기)　　　　(2007년 3월기)

높을수록 좋다

🥧 매출원가는 제조원가와 다르다

다시 〈닛산 자동차〉의 손익계산서를 보자. 매출액에서 '**매출원가**'를 뺀 '**매출총이익**'이 계상되어 있다. 매출원가는 8조 271억 엔이다. 여기서 중요한 점은, 매출원가와 **제조원가**는 다르다는 사실이다. 제조원가는 만든 제품에 들어간 비용이다. 그러나 손익계산서에서 손익을 계산할 때 매출원가는 '판매한 분량만큼의 제조원가'를 뜻한다. 이것은 손익계산서를 이해할 때 가장 중요한 요소 중 하나다. 예를 들면 1년 동안 '제조한' 제품에 들어간 비용이 제조원가다. 한편 그 가운데 1년 동안 '팔린' 제품의 제조원가가 매출원가다. 그러므로 손익계산서의 매출원가에는 팔린 분량만큼의 원가(비용)만 계상된다.

그렇다면 만들기는 했지만 팔리지 않고 남은 제품은 어떻게 되었을까? 그것은 대차대조표의 '재고자산', 즉 재고 부분에 자산으로 계상된다. 팔리지 않은 분량은 비용이 아니라 자산이 되는 것이다. 이것은 제조한 제품뿐만 아니라 구입한 상품도 마찬가지다. 만든 분량, 구입한 분량이 모두 매출원가가 되는 것이 아니라 일단 전부 재고자산이 되었다가 그중에서 팔린 분량만큼이 매출원가로서 비용이 된다.

다시 한 번 말하지만, 장래에 팔리느냐 팔리지 않느냐에 상관없이 제조한 것, 구입한 것은 일단 전부 재고자산이 된다. 그리고 그중에서 팔린 분량만이 매출원가가 된다. **제조원가 → 재고자산 → 매출원가**인 것이다(도표2-3).

그러므로 침체에 빠진 제조기업의 재무 상황을 볼 때는, 손익계산서 상에서 이익을 내고 있더라도 대차대조표의 재고자산을 반드시 확인해야 한다. 재고자산에 '불량재고'가 쌓여 있을 가능성이 있기 때문이다. 매출액이 감소하고 있는데 재고자산이 증가했다면 불량재고일 가능성이 있으니 주의해야 한다.

〈닛산 자동차〉의 대차대조표에 의하면 2006년 3월기에 8,564억 엔이던 재고자산이 2007년 3월기에 1조 46억 엔으로 17.3퍼센트 증가했다. 이것은 매출증가율보다 상당히 높은 수치이므로 재고가 많이 쌓였다고 할 수 있다.

제조원가와 매출원가는 다르다

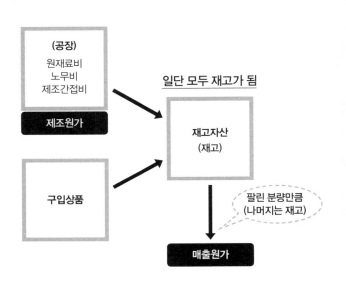

📊 매출원가율에도 주의가 필요하다

매출원가와 관련하여 또 한 가지 중요한 점은 매출원가율의 증가 여부다. 매출원가율이 높아졌다면 제조비용이나 구입비용이 증가했다는 의미인데, 이는 이익의 감소를 뜻하므로 주의해야 한다. 〈닛산 자동차〉의 경우 2006년 3월기와 2007년 3월기를 비교하면 74.7퍼센트에서 76.7퍼센트로 2퍼센트나 상승했다. 이 시기는 원자재 가격이 상승하던 때였는데, 이것이 〈닛산 자동차〉의 수익을 정체시킨 커다란 원인이었다(도표2-1).

실제로 이 때문에 〈닛산 자동차〉의 영업이익은 크게 감소했고, 그 결과 카를로스 곤(Carlos Ghosn) CEO를 비롯해 임원들은 상여금을 받지 못했다. 그런데 내가 생각하기에 이 실적 부진의 원인은 그보다 더 이전에 있었다. 〈닛산 자동차〉가 'V자 회복'을 이뤄낸 시기부터 시작되었으며, 당시의 현금흐름계산서를 분석하면 알 수 있다. 이에 대해서는 제3장에서 현금흐름계산서를 설명할 때 자세히 다루도록 하겠다.

매출원가율은 동종업 타사와의 비교도 필요하다. 같은 기에 〈도요타 자동차〉의 매출원가는 오히려 감소했다. 2006년 3월기에 81.4퍼센트였던 것이 2007년 3월기에는 81.0퍼센트로 줄었다. 여기서도 〈도요타 자동차〉의 힘을 알 수 있다.

그리고 **매출총이익**은 매출액에서 매출원가를 뺀 수치다. 〈닛산 자동차〉의 2007년 3월기 매출총이익을 살펴보면 2조 4,413억 엔으로 전년 동기에 비해 2.3퍼센트 증가했다. 그러나 이것은 매출액 증가율 11.0퍼센트에 비하면 작은 증가폭이다. 즉 매출원가율 상승이 큰 영향을 끼쳤음을 알 수 있다. 참고로 〈도요타 자동차〉의 매출총이익은 4조 3,138억 엔으로 전년대비 15.8퍼센트 증가했는데, 이것은 상품·제품 매출액 증가율인 13퍼센트를 웃도는 수치다.

🥧 매출총이익에서 일반관리비를 뺀 것이 영업이익이다

　　　영업이익은 매출총이익에서 **판매비와 일반관리비(판관비)**를 뺀 것이다. 제조나 구입과 직접 관계가 없는 비용이 판관비인데, 매출액에 대한 판관비의 비율(판관비율)도 중요하다. 기껏 열심히 매출총이익을 벌어들여도 판관비가 많으면 이익은 나지 않기 때문이다. 〈닛산 자동차〉는 판관비율이 16.1퍼센트에서 15.9퍼센트로 0.2퍼센트 하락했지만, 이 정도로는 2퍼센트라는 매출원가율 상승분을 거의 메우지 못한다. 한편 〈도요타 자동차〉의 판관비율은 10.4퍼센트에서 10.5퍼센트로 0.1퍼센트 상승했지만 앞에서도 설명했듯이 매출원가율을 0.4퍼센트나 떨어트렸기 때문에 영업이익은 큰 폭으로 증가했다.

　　그런데 〈닛산 자동차〉와 〈도요타 자동차〉의 매출원가율과 판관비율이 크게 차이가 나는 까닭은 양자가 채용한 회계 기준이 다르기 때문이다. 〈닛산 자동차〉는 일본의 회계 기준에 맞춰 재무제표를 작성하고 있으며, 〈도요타 자동차〉는 미국 기준에 따라 재무제표를 작성한다. 그 때문에 개시 항목과 내용에 일부 차이가 있다. 〈도요타 자동차〉의 재무제표도 인터넷 등에서 볼 수 있으니 확인해 보면 재미있을 것이다.

　　다시 본론으로 돌아가서, 이렇게 계산된 〈닛산 자동차〉의 영업이익은 7,769억 엔으로 전년대비 10.9퍼센트 감소했다. 그리고 경상이익은 여기서 금리 등의 영업외손익을 조정해 계산한다. 만약 이자 지급이 많으면 영업이익에 비해 경상이익이 큰 폭으로 감액된다. 지금은 저금리 시대이므로 그다지 큰 영향은 없지만, 유이자부채가 많은 기업은 금리 상승에 주의해야 한다. 〈닛산 자동차〉의 지급이자는 306억 엔이며, 유이자부채는 대차대조표를 보면 약 5조 엔이다(단기 3.1조 엔, 장기 1.9조 엔).

또 영업외손익에는 관련회사가 낸 이익(제1장에서 설명한 '**지분법 이익**')도 계상된다. 〈닛산 자동차〉의 손익계산서에도 약 201억 엔이 계상되어 있다.

🥧 당기순이익은 특별손익 조정과 세효과회계를 거친다

경상이익에서 특별손익을 조정하면 '조정전 당기순이익'이 계산된다. 특별이익 또는 특별손실은 일회성 이익 또는 손해를 말한다. 가령 공장을 장부 가격보다 비싸게 팔아 이익이 생겼거나 자회사를 매각했더니 손실이 나는 등, 항상 일어나는 일(경상적)이 아니라 그때만 특별히 일어나는 손익을 가리킨다(참고로 미국식 손익계산서에는 경상이익, 특별손익이라는 항목이 없다. 미국식으로 개시되는 〈도요타 자동차〉의 손익계산서를 살펴보기 바란다).

또 조정전 당기순이익에서 세금을 재무상으로 조정('법인세 등 조정액'이라고 한다)하면 '당기순이익'이 계상된다.

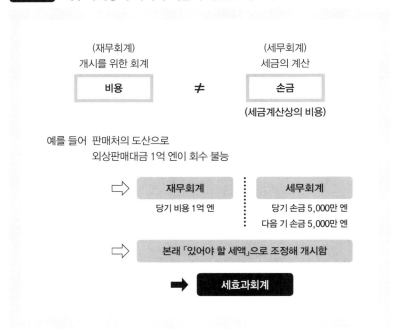

도표 2-4 재무회계상의 이익과 세금의 계산은 다르다

(재무회계)
개시를 위한 회계

(세무회계)
세금의 계산

비용 ≠ 손금

(세금계산상의 비용)

예를 들어 판매처의 도산으로
외상판매대금 1억 엔이 회수 불능

⇨ 재무회계 : 세무회계
당기 비용 1억 엔 : 당기 손금 5,000만 엔
: 다음 기 손금 5,000만 엔

⇨ 본래「있어야 할 세액」으로 조정해 개시함

➡ 세효과회계

조금 복잡하므로 흥미가 없는 사람은 건너뛰어도 상관없지만, 세금을 재무상으로 조정하는 일은 '**세효과회계**'라고 부르는 회계 처리다. 실제로 납부하는 세액과 장래에 되받을(혹은 납부할) 예정인 세액을 조정해 '재무회계'상의 이론적인 세액을 계상하는 것이다.

간단한 예를 들어 설명해보겠다. 만약 상품을 판 곳이 도산을 했다면 재무회계상으로는 '대손충당금'을 즉시 계상해 그만큼을 손실로 처리하는 것이 건전한 회계 처리다. 손실이 났으므로 그것을 그 기에 처리하는 것은 당연하다. 그러나 세법상으로는 그 손실액 전액을 곧바로 세무상의 비용인 **손금처리**하는 것이 허용되지 않는다. 그 기에 절반, 다음 기에 절반씩 처리해야 한다(도표2-4). 이렇게 되면 '재무회계'상으로는 손실을 전부 계상했기 때문에 감액되어야 할 세액 중 절반이 다음 기로 넘어가는 불균형이 발생한다. 그래서 그 다음 기의 손금산입분도 당기에 세금이 감액되었다고 생각해 조정하는 것이다. 이것이 '법인세 등 조정액'이라고 부르는 항목이다. 조금 복잡할지도 모르지만 이것을 세효과회계라고 부른다(그런데 중소기업의 손익계산서에는 세효과회계가 필요하지 않다).

당기순이익은 이렇게 계상한다.

🥧 재무회계, 세무회계, 관리회계

세효과회계를 설명하면서 '재무회계'라는 말이 나왔는데, '재무회계가 뭐지?'라고 생각하는 사람도 있을 것이다. 그 밖에도 '공회계'나 '환경회계' 등 다양한 회계가 있는데, 일반적으로 알아 둬야 할 것은 '재무회계'와 '세무회계', '관리회계'다.

재무회계(Financial Accounting)는 외부에 대해 정해진 기준에 따라 개시하는 것을 목적으로 한 회계다. 일본에서는 회사법(모든 회사에 적용)이나 금융상품거래법(주로 상장기업에 적용)에 준거한 회계 기준에 따라 재무제표(대차대조표, 손익계산서, 현금흐름계산서 등)를 개시한다. 외부란 은행과 채무자, 주주, 구입처 등 기업에 돈을 빌려주거나 투자를 하려는 사람들이다. 또 자녀를 취직시키려는 부모도 회사의 재무 상황에 흥미가 있을 것이다. 이때 통일된 기준을 정해 놓지 않으면 이 장의 앞부분과 같은 〈닛산 자동차〉와 〈도요타 자동차〉의 비교는 불가능해진다. 은행이나 투자가가 복수의 회사를 객관적으로 비교할 수 있도록 정해진 기준에 따라 재무 내용을 개시하는 것이 재무회계다.

회사법은 모든 회사에 적용되지만 금융상품거래법은 주로 상장기업에 적용되기 때문에 구체적인 개시 내용은 회사에 따라 조금씩 달라진다. 앞에서 설명한 세효과회계 외에도 시가회계와 퇴직급여회계, 감손회계 등은 상장기업 등에 적용되는 회계이며, 중소기업은 개시 의무가 없다.

한편 세무회계(Tax Accounting)는 세금을 계산하기 위한 회계다. 이렇게 말하면 '세금은 이익에 세율을 곱한 거 아니야?'라고 생각하는 사람도 있을지 모른다. 분명히 그렇기는 하지만, 정확히 말하면 세무회계상의 이익(이것을 '과세소득'이라고 한다)과 재무회계상의 이익은 다르다. 이것은 주로 재무회계상의 비용과 세무회계상의 비용(손금)이 차이나기 때문이다. 앞의 예와 같이 판매처가 도산했을 때 발생하는 대손충당금의 재무회계상의 계상 시기와 손금산입 시기가 다른 경우가 이에 해당한다. 또 건물이나 설비, 자동차 등의 감가상각에 관해서는 세법상 상각기간이 모두 정해져 있는데, 그것을 세법상의 규정보다 빠르게 했을 경우에도 비용과 손금의 차이가 발생한다.

가장 알기 쉬운 예는 접대·교제비다. 대기업의 경우, 정부의 재정 사정에 따라 접대·교제비는 일체 손금산입이 허용되지 않았다. 중소기업도 한도가 있다. 접대·교제비도 회사의 돈이 나가는 것임에는 틀림이 없으므로 당연히 재무회계상으로는 '비용'이 된다. 그러나 '손금'은 아니므로 세무계산상으로는 그만큼 더 많은 세금을 내야 한다. 여담이지만, 접대·교제비를 '물 쓰듯이' 사용하는 기업은 많이 줄어들었지만 아직도 많은 접대·교제비를 사용하는 기업을 이따금 보게 된다. 접대·교제비를 사용하면 술집이야 즐겁겠지만 회사로서는 비용뿐만 아니라 세금 부담도 쓸데없이 커짐을 인식해야 한다.

마지막으로 관리회계(Managerial Accounting)는 기업의 성과(실적, 성적)를 파악하기 위한 회계다. '경영을 위한 회계'라는 의미다. 경영을 실시할 때 필요한 정보를 작성하는 것이 관리회계의 역할이다. '종업원 한 명당 생산성'이나 '매출액 영업이익률' 같은 것부터, 조금 어려운 개념이지만 대기업에서 채용하고 있는 '경제부가가치(EVA)', '자유현금흐름'까지 포함된다. 이 책의 제4장과 제5장에서 설명할 '손익분기점 분석'과 '증분이익' 등도 관리회계의 개념이다.

관리회계에는 정해진 규칙은 없다. 자사의 성과를 알기 위해 필요한 최소의 숫자를 파악하는 것이 중요하다. 너무 많아도, 너무 적어도 안 된다. 관리회계의 자료는 대부분 재무회계의 자료다. 그러므로 관리회계를 이해하려면 재무회계의 기본적인 지식이 필요하다.

'공인회계사'와 '세무사'

공인회계사는 재무회계 전문가다. 그리고 세무사는 세무회계 전문가다. 따라서 증권거래소에 상장을 한 큰 회사는 공인회계사(또는 그 집단인 감사법인)와 세무사를 모두 고용한다. 중소기업의 경우는 법률상 공인회계사의 감사가 필요하지 않기 때문에 세무사가 재무회계와 세무회계를 모두 담당하는 일이 많다.

🍂 '기초재정수지'의 균형에 속아서는 안 된다

지금까지 본 손익계산서의 개념을 바탕으로 정부의 재정 사정을 살펴보자. '왜 이렇게도 많은 재정적자를 안고 있는 일본정부가 파산하지 않을까?'에 대한 답을 찾아보자는 것이다.

일본정부는 기초재정수지의 균형을 2011년까지 맞추겠다고 공언했는데, '기초재정수지'는 국채 등의 원금 지급과 이자 지급 등은 제외한 수지를 말하며 통상적으로 들어오는 세금 등의 수입과 통상적인 지출의 수지다. 기업 회계의 '영업이익'에 가까운 개념이라고 하면 이해하기 쉬울 것이다. 그러므로 이것의 균형을 2011년까지 맞추겠다는 말은, 즉 2011년에는 영업흑자를 달성하겠다는 의미다.

그런데 여기에는 두 가지 커다란 문제가 있다. 먼저 영업흑자를 지향하겠다는 공언인데, 공채 잔고만 해도 약 547조 엔, 지방을 포함한 장기 채무가 773조 엔(2007년 말 재무성 예상)인 상황에서 이자 지급과 원금 상환을 '무시'한 계획이 얼마나 의미가 있겠느냐는 문제다. 물론 기초적인 수지균형조차 맞추지 못하는 현재 상황을 개선하자는 의도는 나쁘지 않다. 그러나 의도만으로는 부족하다. 이것은 기업을 생각해 보면 금방 알 수 있다. 빚이 많은 기업은 영업이익이 흑자여도 그 빚에 대한 이자가 영업이익을 잡아먹기 때문에 앞에서 설명한 경상이익이나 최종 순이익이 적자가 된다.

....

2010년 6월, 일본정부는 국가와 지방자치단체를 포함한 기초재정수지를 흑자화하는 목표연도를 2020년으로 수정 발표했다.

현금흐름은 더 심각하다. 기업은 영업흑자를 기록하더라도 원금이나 이자를 지급하기 위한 자금이 없으면 도산한다. 이른바 '**흑자도산**'이다. 매출액이나 이익에 비해 막대한 빚을 안고 있는 기업은 어느 정도 영업흑자를 기록해도 도산할 확률이 꽤 높다. 나도 흑자도산을 몇 번이나 목격했는데, 이익을 꽤 올리는 회사라도 차입 잔고가 너무 많으면 허무하게 도산한다(정부의 재정 적자 규모가 민간 기업과 비교해 얼마나 큰 지에 대해서는 뒤에서 설명하겠다).

그러므로 기초재정수지의 균형을 2011년에 맞춘다는 계획, 즉 2011년에 영업흑자를 낸다는 계획은 도산을 피하는 것과 아주 관계가 없다고는 할 수 없지만 재정 재건에는 충분치 않다. 정말 필요한 것은 빚을 언제까지 얼마나 줄일 것이냐에 대한 설명이다.

2011년까지 기초재정수지의 균형을 맞추겠다는 계획의 두 번째 문제는 바로 속도다. 어떤 기업이 거액의 부채를 안고 있을 뿐만 아니라 큰 폭의 영업적자 상태에 빠져 있다면 '즉시' 영업흑자로 전환될 수 있는 방법을 확보해야 한다. 그러지 않으면 부채가 계속 증가해 은행으로부터 융자를 거부당할 확률이 높아진다. 정부가 '2011년에 기초재정수지 균형을 잡는다.'라는 계획을 발표한 때가 2006년이므로, 영업흑자를 달성하는 데 5년 이상이 걸린다고 말한 셈이다. 그러나 만약 기업이었다면 이런 느긋한 계획은 용납되지 않는다.

막대한 적자를 안고 있는 기업이 이렇게 여유로운 계획을 세웠다면 틀림없이 도산하고 말 것이다. 차입금이 적어 재정적인 여력이 있더라도 약 3년 안에 영업흑자를 달성하지 못하면, 그 회사의 경영자는 경영자로서 실격이다. 은행도 3년 연속 적자가 계속되면 보통 융자 태도를 바꾼다. 어지간한 자산이라도 보유하고 있지 않은 한 거래 정지를 당할 수도 있다. 차입금도 많고 재무 여력이 없을 때는 1년 안에 대체적인 성과를 내지 못하면 도산 확률이 크게 높아진다. 카를로스 곤처럼 '미스터 비용 절감'이라는 비아냥거림을 받더라도 어쨌든 빠르게 흑자를 내야 한다.

2011년에 기초재정수지의 균형을 맞춘다는 말은 그 전까지는 영업적자가 계속될 것이고 그만큼 정부의 부채가 늘어난다는 의미다. 경기가 회복되어 세수가 늘어났다고는 하지만, 그것은 30조 엔이 넘었던 신규 적자국채의 발행액이 25조 엔 정도로 줄었다는 이야기일 뿐이다. 지금도 차입금 잔고는 계속 늘어나고 있다. 2011년까지 실질적으로는 줄지 않고 계속 늘어날 것이다.

참고로 EU의 초기 가입조건은 매년 재정적자가 GDP의 3퍼센트 이내, 재정적자 잔고가 GDP의 60퍼센트인데, 일본은 연간 재정적자가 조금 줄었다고는 하지만 GDP의 약 5퍼센트에 이르며 재정적자 잔고는 150퍼센트 정도다. (EU 각국은 금리 인상 또는 인하로 경기를 조절하는 '금융 정책'을 유럽중앙은행에 위임한다. 그 때문에 경기를 활성화시키기 위해서는 자국의 돈을 지출해 경기를 유지하는 '재정 정책'에 기대는 일이 많아진다. 그래서 재정적자에 대한 규율을 엄격히 하는 면이 있는 것도 사실이지만, 그래도 일본의 재정적자가 어떤 의미에서 '비정상적으로' 많음은 쉽게 이해할 수 있다).

기초재정수지의 균형을 달성하는 데 2011년까지 기다려야 하다니, 정부가 왜 이렇게 느긋한지 나로서는 도저히 이해할 수 없으며, 국민들이 왜 이렇게까지 대범한지도 미스터리다.

🥧 GDP와 재정적자를 비교하는 의미가 있을까?

흔히 재정적자의 규모를 보도할 때는 '대 GDP 비율'의 형태로 보도된다. 지금까지 나도 그 숫자를 사용했다. 물론 다른 나라와 비교하기 위해서는 GDP와 재정적자를 비교하는 의미가 있다. 그러나 채무상환 능력이라는 점에서는 이야기가 다르다.

GDP란 'Gross Domestic Products(국내총생산)'의 머리글자를 딴 용어인데, 일본 국내에서 일정기간(예를 들면 1년) 동안에 창출된 **부가가치**'의 합계를 가리킨다. 부가가치란 쉽게 말하면 각 기업의 '매출액에서 매입액을 뺀 값'이다. 즉 아웃풋인 매출액에서 인풋인 매입액을 뺀 것이므로 그 기업에서 만들어낸 가치라 할 수 있다. 그리고 일본 국내의 부가가치를 모두 합친 것이 GDP다. 실제 금액(이것을 '명목 GDP'라고 한다)은 515조 엔 정도다.

GDP가 중요한 이유는 '인건비'가 부가가치에서 지급되기 때문이다. 부가가치가 없으면 급료를 줄 수 없다. 그리고 국민 한 사람당 부

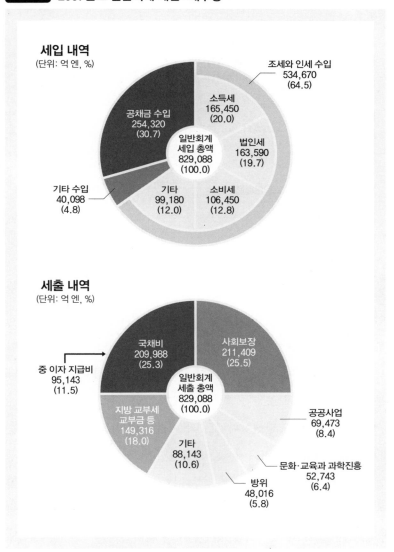

세입 내역
(단위: 억 엔, %)

조세와 인세 수입
534,670
(64.5)

소득세
165,450
(20.0)

공채금 수입
254,320
(30.7)

일반회계
세입 총액
829,088
(100.0)

법인세
163,590
(19.7)

기타 수입
40,098
(4.8)

기타
99,180
(12.0)

소비세
106,450
(12.8)

세출 내역
(단위: 억 엔, %)

국채비
209,988
(25.3)

사회보장
211,409
(25.5)

중 이자 지급비
95,143
(11.5)

일반회계
세출 총액
829,088
(100.0)

지방 교부세
교부금 등
149,316
(18.0)

공공사업
69,473
(8.4)

기타
88,143
(10.6)

문화·교육과 과학진흥
52,743
(6.4)

방위
48,016
(5.8)

도표 2-6 GDP, 부가가치, 노동분배율

```
┌──────────────────────────────────────────┐
│  · GDP (국내 총생산)                        │
│     = (국내의) 부가가치의 합계               │
└──────────────────────────────────────────┘

┌──────────────────────────────────────────┐
│  · 부가가치  =  매출액  −  매입액            │
└──────────────────────────────────────────┘

┌──────────────────────────────────────────┐
│                          인건비             │
│  · 노동분배율   =  ─────────                │
│                         부가가치            │
└──────────────────────────────────────────┘
```

가가치액이 늘어나지 않으면 한 사람당 급여도 증가하기 어렵다는 이야기가 된다(부가가치에서 인건비가 차지하는 비율을 '**노동분배율**'이라고 하며, 이것은 거시경제와 기업 경영에 중요한 지표다). 그러므로 기업 경영에서는 1인당 부가가치를 얼마나 늘리느냐가 중요하며, 거시경제에서는 1인당 부가가치의 총합인 GDP가 중요한 지표가 된다.

따라서 앞에서도 말했듯이 GDP와 재정적자 규모의 비율을 따지는 일은 다른 나라와의 비교에서는 쓸모있지만 정부의 채무상환 능력과는 직접적인 관계가 없다. 물론 정부에는 징세권이 있으므로 부가가치에서, 혹은 그 부가가치를 분배 받은 뒤의 개인 소득에서 얼마든지 세금을 징수할 수도 있겠지만, 현실에서는 불가능하다. 결과적으로 볼 때 기업이나 국민이 창출한 부가가치의 합계와 정부의 채무상환 능력은 관계가 없다.

정부의 상환 능력을 직접적으로 보여주는 것은 정부가 얻을 수 있는 수입이다. 도표2-5에서 보이듯이 2007년의 경우 약 83조 엔의 지출에서 세금 및 기타 수입으로 충당하는 비용은 57조 엔 가량이다. 나머지 약 25조 엔은 '공채'라는 빚으로 충당하고 있다. 그래서 매년 재정적자가 불어나고 있는 것이다.

🥧 빚을 갚을 수 있는 한도는 어느 정도일까?

빚은 어느 정도까지 안심할 수 있을까? 경영 컨설턴트로서 쌓은 경험을 바탕으로 말하자면, 기업은 **차입금에서 현금·예금을 뺀 '차입금 순액'이 기업의 연간 부가가치액을 넘으면 자금 융통이 어려워진다.**

앞에서 말했듯이 매년 벌어들이는 부가가치액을 가지고 급료와 그 밖의 경비도 치러야 하므로 전액을 차입금 상환에 충당하는 것은 물론 불가능하다. 부가가치의 10퍼센트 이익이 난다면 상당히 좋은 회사다. 여기서 세금을 납부하고 남은 돈(=순이익)이 기업이 자유롭게 사용할 수 있는 돈(이것을 '자유현금흐름'이라고 한다)이 된다(실제로는 감가상각비처럼 자금이 나가지 않는 비용이 있으므로 간이적으로는 '순이익+감가상각비'가 자유현금흐름이 된다. 자세한 내용은 제3장을 참조하기 바란다).

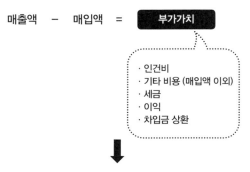

도표 2-7 부가가치의 몇 퍼센트를 상환에 충당할 수 있을까?

매출액 － 매입액 ＝ **부가가치**

· 인건비
· 기타 비용 (매입액 이외)
· 세금
· 이익
· 차입금 상환

차입기간에 따라 연간 상환액이 크게 달라진다

 이러한 점들을 고려하면 이익이 웬만큼 나는 회사라도 상환에 돌릴 수 있는 자금은 고작해야 부가가치의 10퍼센트에서 20퍼센트 정도다. 아무 회사라면 30퍼센트를 상환에 돌리기도 어렵다(**도표2-7**).

 물론 자금 융통의 어려움은 차입 연수에 따라서도 크게 달라지는데, 일반적인 기업은 장기차입이라 해도 3년에서 5년 정도의 기한이 많으며, 아무리 길어도 7년 정도다. 단기도 포함시키면 평균 차입기간은 보통 2~3년이 된다. 그 차입금을 부가가치의 약 20퍼센트 이내의 돈으로 상환해야 하는 것이다. 물론 기업이 빌린 돈 전부를 한꺼번에 갚을 필요는 없다. 단기로 빌린 자금이든 장기 자금이든 어느 정도까지는 차환이 가능하지만, 그래도 차입금 순액은 일반적으로 연간 부가가치액 이하가 무난하다.

한편 일반기업보다 차입액이 커도 괜찮을 경우도 있다. 호텔이나 병원 등 풀타임 가동 시설이 구비된 기업은 적어도 10년, 길면 25년 정도의 기한으로 융자를 받는다. 그럴 경우에는 매년, 차입금의 5퍼센트에서 많아도 10퍼센트 정도만 상환하면 된다. 따라서 연간 부가가치액의 최대 2배 정도까지 차입금 순액이 팽창해도 상환이 가능해진다(그러나 이것도 일반적인 운전자금 융자액 등이 얼마나 증가하느냐, 혹은 현재 어느 정도의 여유 자금이 있느냐 등 상황에 따라 차입 한도액이 달라진다). 어쨌든 차입기간에 따라 상환 가능 여부가 달라진다.

🌑 정부가 현시점에서 파산하지 않는 이유

그렇다면 일본 정부는 채무를 상환할 수 있을까? 건전성의 기준을 EU 가입조건인 GDP 대비 60퍼센트라고 보면 안전한 채무 수준은 약 300조 엔이다. 현재의 장·단기 재정적자 잔고를 적게 잡아서 800조 엔이라고 하면 약 500조 엔을 상환해야 한다(특별회계 등으로 감춰진 부채도 많을 테지만 일단 그것은 없다고 가정한다). 앞에서 말했듯이 GDP에서 상환하는 것은 불가능하고 세수에서 상환을 해야 하므로 상환액은 약 10년 치 세금 수입에 해당한다. 그러나 매년 사용하는 돈도 80조 엔 이상이기 때문에 세금 수입으로는 상환을 할 방법이 없다. 실질적인 상환이 시작되는 시기는 기초재정수지의 균형이 잡히는 2011년 이후다. 영업적자를 기록하는 동안에는 자산을 매각이라도 하지 않는 한 상환은 불가능하다.

주택융자는 20년이나 30년 상환이 보통이지만, 세금을 포함한 연간 수입의 5배 이내로 하는 것이 좋다고 한다. 그것도 그 사이에 다른 융자를 늘리지 않는 전제 조건 하에서다. 즉 수입을 가지고 상환할 수 있어야 한다는 것이 전제인데, 정부의 경우 현재 수입(세수)을 가지고 빚을 갚을 수 없는 상태다. 그것을 2011년까지 기초재정수지를 맞춰서 상환하려고 계획하고 있는 것이다. 다시 한 번 말하지만, 그 해까지는 재정적자가 매년 발생해 실질적으로 빚이 계속 증가한다.

정부가 이렇게 엄청난 재정적자를 견딜 수 있는 데는 두 가지 요인이 있다. 하나는 정부의 신용이 유지되는 한 차환이 가능하다는 점이다. 국채의 기한이 다가오면 차환채를 발행해 상환기간을 연장하는 것이다. 다만 2011년까지는 재정적자 분만큼 신규 채권을 계속 발행하므로 차환을 해도 잔고는 계속 늘어난다.

그리고 여기까지 책을 읽은 독자 여러분은 이미 눈치를 챘을지도 모르지만, 또 한 가지 이유는 상환기간을 조정할 수 있다는 점이다. 차환을 할 때 5년 국채를 10년으로, 또 그것을 20년, 30년으로 연장시키면 매년 상환해야 할 부담액이 줄어든다. 그러나 이것은 빚을 후세에 떠넘기는 행위일 뿐이다.

🌓 금리 부담 증가도 고려해야 한다

　　　　채무에서는 이자에 대해서도 생각해야 한다. 기업 경영의 안전성을 나타내는 지표 중 하나로 '**이자보상비율**'이 있다. 이것은 영업이익이 지급이자의 몇 배인지를 나타낸다. 이자의 액수가 영업이익을 넘어서면 영업이익만으로는 이자를 내지 못하게 된다. 이와 같은 상황에서는 영업이익이 흑자여도 경상이익이 적자가 될 가능성이 높다('가능성'이라고 쓴 이유는, 영업외수지의 내역에는 지급이자만 있는 것이 아니므로 지급이자가 영업이익보다 많다고 해서 반드시 경상적자가 되지는 않기 때문이다).

　최근에는 기업에서도 이자보상비율이 문제가 된다. 거품 경기가 붕괴된 이후 비정상적인 저금리가 계속되고 있기 때문이다. 일본은행이 '제로 금리정책'을 실시하던 무렵에는 예금 금리가 소수점 이하로 0이 몇 개가 붙는지 알 수 없을 만큼 한없이 제로에 가까운 수준까지 떨어지기도 했다. 기업의 대출 금리도 그 정도까지는 아니지만 전에 없던 수준까지 하락했다. 그러나 일본은행이 2006년 7월에 '제로 금리정책'을 해제한 이후 단기 금리는 상승하고 있다. 이 금리가 당장 유럽과 미국 수준(유로 금리 4.25퍼센트, 미국 달러 금리 4.5퍼센트. 양쪽 모두 정책 금리. 2007년 11월 현재)까지 회복되지는 않을 것이다. 그러나 국가간 금리 차이가 오래 지속되면 금리가 싼 엔을 빌려서 달러나 유로처럼 금리가 비교적 높은 통화로 환전해 운용하는 '엔 캐리트레이드'가 횡행할 소지를 준다. 따라서 엔 금리가 너무 낮은 상태를 계속 유지하는 것은 그리 바람직하지 못하다.

　지금까지의 경험으로 미루어 봐도 서브프라임 문제가 해소되면 엔의 금리가 조금 더 높아질 것은 확실하다. 그럴 경우에 차입금이 많은 기업도 큰일이지만 막대한 재정적자를 안고 있는 일본 정부의 부담은 엄청나게 증가한다. 현재 정부는 연간 약 9조 엔을 이자로 지급하고 있는데 그 액수가 늘어나기 때문이다. 차입기간이 단기뿐만 아니라 5년, 10년의 장기도 많기 때문에 금리 인상이 당장 모든 국채와 부채의 이자 지급에 영향을 주지는 않지만, 그래도 금리가 1퍼센트 상승하면 금방 1조 엔 단위로 이자 부담이 증가한다. 그리고 수년 안에 그 부담액은 수조 엔으로 늘어날 것이다. 만약 금리가 2퍼센트 상승하면 부담은 두 배가 된다. 수년 안에 10조 엔에 가까운 이자 부담이 증가해, 2011년에 기초재정수지 중 이자 부담과는 관계가 없는 쪽이 균형을 이루더라도 재정 내용은 더욱 악화될 가능성도 적지 않다.

　일본은행은 금리를 '정상화'하기 위해 이자율을 높이고 싶겠지만, 자민당과 재무성으로서는 어떻게든 금리 인상을 피하고 싶은 것이 속내일 것이다.

COLUMN 충당금

충당금이란 장래에 비용으로 지급이 확실시되는 금액을 현시점에서 비용으로 미리 계상해 대차대조표에 기재해 놓은 금액이다. 여기서 주의해야 할 점은, 충당금과 적립금은 다르다는 사실이다. 비용을 충당금으로 계상해도 실제로 적립하지 않는 경우는 많다. 퇴직급여 충당금을 예로 들자면, 일반적으로 전원이 한꺼번에 퇴직하는 일은 거의 없으므로 충당 대상은 전원이더라도 전액을 적립할 필요는 없다. 상장기업은 퇴직급여회계를 개시하고 있으므로 흥미가 있는 사람은 확인해 보기 바란다.

🝁 겉으로 보이지 않는 빚도 큰 문제

정부에는 일반회계 외에 특별회계와 특수법인 등 겉으로는 잘 드러나지 않는 부채가 많다고 알려져 있다. 그 규모는 수백조 엔이 넘을지도 모른다. 게다가 연금회계도 확실치 않다. 기업(주로 상장 기업)의 경우에는 2001년에 '퇴직급여회계'가 도입되어 '퇴직급여채무'의 내용을 개시하도록 의무화되었다. 장래의 퇴직금이나 퇴직연금의 지급액을, 조금 어렵지만 현재가치로 환산해 퇴직급여채무로 놓고, 그

것에 대한 충당금 계상을 의무화하고, 동시에 적립액과 미충당액 등을 개시하고 있다.

정부가 주관하는 국민연금과 후생연금의 경우, 앞으로 종업원의 부담(같은 액수를 기업도 부담하고 있다)을 일정 한도까지 증가시키고 부족분을 세금으로 메우면 수지를 맞출 수 있다고 한다. 그러나 예상 이상으로 저출산화가 진행되는(즉 고령자 비율이 높아지는) 가운데 지금의 재정상태에서 연금회계가 정말 안전하냐는 불안감을 느끼는 사람이 비단 나만은 아닐 것이다. 연금보험료도, 세금도 모두 현재의 젊은 세대가 부담하고 있기 때문이다. 수년 전에 '백년 개혁'을 시작했지만 이것 역시 허울뿐인 개혁으로 보이기도 한다. 어쨌든 우리의 자녀 세대가 커다란 부담을 지게 될 것은 틀림없다. 기업 회계처럼 적시에 적절한 개시를 해야 할 것이다(다만 과거의 정확한 자료가 없는 상황에서는 어쩔 수 없을지도 모른다).

사회보험청의 개혁 역시 커다란 문제로 떠오르고 있다. 물론 사회보험청의 대개혁이 필요함은 말할 것도 없지만, 현재 상황에서는 본질적인 연금제도의 개선이 없는 한 관공서를 해체한다고 해도 연금 불안은 재연될 것이다. 기업 회계 수준의 철저한 개시를 바탕으로 근본적인 개혁이 필요하다(국민 연금의 미납률이 그다지 향상되지 않는다면 '세금 방식'으로 이행할 필요도 있을지 모른다).

또한 고령화가 진행됨에 따라 의료보험(32조 엔)과 개호보험(8조 엔)도 재정 상황이 악화될 것은 불을 보듯 뻔하다. 이렇게 생각하면 '일반회계'만이라도 하루빨리 건전화를 시켜야 할 텐데, 앞에서도 말했듯이 정부의 태도에서 절박감이 느껴지지 않는 것은 참으로 유감이다.

🌑 기업에만 엄격한 회계 제도와 개시를 요구하는 정부

2000년 3월기에 시작된 '연결결산제도'의 변경을 비롯해 '시가회계'(2001년, 2002년)와 '퇴직급여회계'(2001년), '감손회계'(2006년) 등 이른바 '국제회계 기준'이 일본 기업에 도입되면서, 이제는 누구나 기업의 실태를 전보다 더 분명하게 볼 수 있게 되었다. 그러나 한편으로 감춰졌던 채무가 한꺼번에 노출되어 '회계 불황'이라는 말까지 생겨났다. 게다가 개시 의무 강화에 따른 회계 사무와 감사 비용의 증가는 기업에 커다란 부담을 짊어지웠다. 또 이번에는 JSOX법(일본판 기업회계개혁법)에 따른 내부 통제 강화로 더욱 부담이 증가했다. 그다지 규모가 크지 않은 자스닥(JASDAQ) 상장 기업은 감사와 JSOX법에 따른 부담이 이익의 몇 배에 이르는 경우도 적지 않다.

이렇게 정부는 기업에 엄격한 개시 기준을 요구하고 있지만, 정부의 특별회계나 특수법인 등의 실태는 국민들에게 충분히 공개되었다고 할 수 없다. 상장기업에는 자회사 등도 포함한 그룹 전체의 '연결회계'를 개시하도록 의무화했으면서 자신들은 연결회계를 개시하지 않고 있으며, 그 실태조차 국민들에게 충분히 공개하지 않는다.(한편 정부는 지방자치단체에도 연결기준의 부채상환 개시와 장래 부담의 계산, 개시 등 엄격한 정보 개시를 요구했다).

또 정치자금규정법의 개시에 대해서는 할 말이 없을 정도다. 기업에 세무 감사가 들어왔을 때 "영수증은 없습니다."라고 했다가는 틀림없이 '용도불명금'이나 '접대·교제비'로 분류되어 손금산입을 인정받지 못하고 과세 대상이 된다. 상황에 따라서는 무거운 가산세를 부과 받고 법적 처벌까지 당한다.

그러나 정치가들 중에서는 영수증 없이 돈을 쓰고서도 "법의 규정에 따랐다."라며 발뺌을 하는 정치가가 있다. 회계 제도의 근본이 되는 법률을 만드는 사람들이 일반 국민보다 엄격한 기준에 따라 개시하지는 못할 망정, 이런 현실은 너무나 한심하다. 또한 토지 구입자금도 정치자금규정법에서는 '비용'으로 처리하도록 되어 있는데, 기업에서는 대차대조표상의 자산이 될 뿐 비용은 당연히 아니다. 이것도 기업의 회계 기준으로 보면 뭔가 이상하다.

제3장

왜 자기부상열차나 대규모 고속도로 건설은 좀처럼 시작되지 않는 것일까?

·····

현금흐름

제1장과 제2장에서는 대차대조표와 손익계산서에 대해 설명했다. 조금 어려운 부분도 있었을지 모르지만 기본적인 내용은 한 번 더 읽어서라도 이해할 수 있도록 하기 바란다(일반적인 경영자나 비즈니스맨에게는 거의 필요가 없는 '분개' '부기'는 다루지 않았다).

이 장에서는 현금흐름을 다루고자 한다. 현금흐름은 좁은 의미의 '돈'을 뜻한다. 기업으로 말하자면 '현금'과 '예금'이라고 생각해도 무방하다. 이 장은 대차대조표 부분과 달리 조금 가벼운 내용으로 이야기를 진행할 생각이다. 이 장까지 읽으면 이른바 재무회계에 대해서는 어느 정도 전체적으로 공부하게 되니 조금만 더 힘을 내기 바란다.

🥧 자유롭게 사용할 수 있는 돈이 없으면 정부도 기업도 발전하지 못한다

기업이든 정부든 돈, 그것도 자유롭게 사용할 수 있는 돈이 없으면 미래를 위한 투자를 할 수 없다. 자유롭게 쓸 수 있는 돈이 없을 뿐이라면 그래도 나은 편이지만, 필요한 현금흐름을 확보하는 데도 곤란을 겪는다면 미래를 위한 투자뿐만 아니라 현재 필요한 곳에 대한 투자나 지출도 할 수 없게 된다.

도쿄와 오사카를 연결하는 자기부상열차나 제2의 도메이고속도로(도쿄의 세타가야에서 시작해 서쪽으로 가나가와현, 스즈오카현, 아이치현을 관통하는 일본 최대의 고속도로_옮긴이)가 좀처럼 진전을 보이지 못하는 이유도 자유롭게 사용가능한 공공사업비가 충분치 못하기 때문이다(자기부상열차는 정확히 말하면 〈JR도카이〉가 시행하는 사업이지만, 10조 엔에 이르는 사업비를 마련하려면 정부의 보조가 필요할 것으로 생각된다). 앞장에서 일본의 재정 이야기를 했는데, 거대한 재정적자를 안고 있는 현재 정부에게는 과감한 투자에 쓸 돈이 없다. 자기부상열차나 제2의 도메이고속도로뿐만 아니라 의료와 연금회계에도 틈이 보이기 시작했는데, 이 또한 정부의 현금흐름이 원활하지 않기 때문이다.

기업도 마찬가지다. 기업은 발전하기 위해 필요한 현금흐름을 얻지 못하면 사업을 발전시키지 못한다. 현재 사업을 유지할 만큼의 현금흐름조차 갖지 못하면 상황이 조금씩 악화되며, 더 심해지면 도산할 수도 있다.

이 장에서는 먼저 기업이 사용하는 현금흐름계산서의 구성과 해석 방법을 이해하고 국가 전체의 경제 이야기와 관련지어 살펴볼 것이다.

🥧 〈닛산 자동차〉가 하이브리드 자동차와 연료전지차의 개발에서 뒤처진 이유

먼저 기업의 현금흐름과 현금흐름계산서를 보자. 다시 〈닛산 자동차〉에 관하여 이야기해 보자. 〈닛산 자동차〉는 2007년 3월기 결산에서 매출액이 전기 대비 10퍼센트 이상 증가했지만 안타깝게도 이익은 감소했다. 매출액과 이익이 전부 증가한 〈도요타 자동차〉나 〈혼다 자동차〉와의 거리가 조금은 더 벌어진 느낌이다. 이런 상황의 원인은 사실 과거의 현금흐름계산서에 숨어 있다.

카를로스 곤 CEO는 1990년대 후반에 위기에 빠진 〈닛산 자동차〉을 재건함으로써 유명해졌다. 〈르노〉는 경영 위기에 빠진 〈닛산 자동차〉에 7,000억 엔에 가까운 돈과 카를로스 곤을 경영자로 투입해 재건에 성공했다. 처음에는 카를로스 곤을 '미스터 비용 절감'이라며 비아냥거리던 언론도, 〈닛산 자동차〉가 'V자 회복'에 성공하자 곤을 '경영 재건의 신'이라며 떠받들었다. 그러나 최근 들어와 예전만큼의 기세가 사라지자 다시 그를 '때리는' 보도가 눈에 띈다. 적어도 주목도는 크게 떨어졌다. 이러한 언론의 변화를 지켜보는 것도 꽤 재미있다.

사실 〈닛산 자동차〉의 기세가 떨어질 징조는 카를로스 곤이 〈닛산 자동차〉를 재건하던 시기의 현금흐름계산서를 보면 알 수 있다. 현금흐름계산서는 2000년 3월기부터 시작되었는데, '연결결산 제도'의 변경과 함께 도입된 재무제표 중 하나다. 그때까지는 대차대조표와 손익계산서가 주된 재무제표였다.

우선 현금흐름계산서에 대해 간단히 설명하고 넘어가려 한다. 대차대조표, 손익계산서와 함께 현금흐름도 '경영적'으로 읽을 수 있어야 한다(다시 한 번 말하지만, 작성법을 알아야 할 필요는 없다).

🥧 이익과 현금흐름은 다르다

현금흐름계산서는 세 개의 구역으로 나뉜다. 위에서부터 '영업현금흐름'과 '투자현금흐름', '재무현금흐름'이다(도표3-1 참조).

'영업현금흐름'은 기업이 통상적인 영업활동을 통해 어느 정도의 현금흐름을 얻었는지, 또는 잃었는지를 나타낸다.

여기서 중요한 점은 **'이익과 현금흐름은 다르다.'**라는 것이다. 이익이 나더라도 현금흐름은 마이너스일 수도 있다(그 반대도 가능하다). 왜 이익과 현금흐름이 다를까? 여기에는 크게 두 가지 요인이 있다. 첫째, 현금이 나가지 않는 '비용'이 있기 때문이다. 예를 들어 소유하고 있는

현금흐름계산서의 구성

[**영업현금흐름**] ··· 통상적인 영업활동에 따른 현금흐름
→ 벌어야 함

[**투자현금흐름**] ··· 투자에 대한 지출, 회수
→ 미래투자, 현 사업유지투자, 재무투자, 자산매각

[**재무현금흐름**] ··· 자금 과부족의 조정, 주주환원

영업현금흐름   버는 것 (+)

투자현금흐름
재무현금흐름   쓰는 것 (−)   이 원칙

바람직한 형태

⊖ 투자현금흐름
⊖ 재무현금흐름

⊕ 영업현금흐름

유가증권의 가치가 떨어지면 '평가손'이 발생하며, 손익계산서에서 그 평가손을 비용으로 계상해야 한다. 그러나 실제로 돈이 나가지는 않는다. 또 감가상각비 등도 투자 자금은 기계나 설비를 구입할 때 나가지만 비용은 사용기간에 따라 계상되기 때문에 '돈이 나가지 않는 비용'이 된다. 먼저 이만큼 이익과 현금흐름에 차이가 생긴다.

둘째는 외상판매대금이나 외상매입대금, 재고 등이 있기 때문이다. 외상판매대금은 상품을 팔았지만 돈은 아직 회수하지 못한 상태다. 그 액수만큼 돈이 들어와 있지 않다. 외상매입대금은 반대로 매입은 했지만 그 대금을 지급하지 않은 상태다. 재고는 얼마가 있든 손익에 영향을 주지 않지만, 재고가 증가한 만큼 대금을 치러야 하므로 현금흐름이 감소했다고 생각할 수 있다. 이러한 영업순환상의 자금의 움직임은 손익계산서에서는 파악할 수가 없다.

이와 같은 자금의 움직임을 설명해 주는 것이 현금흐름계산서의 '영업현금흐름'이다. 영업현금흐름은 '순이익'(일본의 현금흐름계산서에서는 '세금 등 조정 전 당기순이익')에서 방금 설명한 '현금의 지출을 동반하지 않는 비용'과 '영업순환상의 자금 움직임' 등을 조정해 계산한다. 계산 방법보다 '이익과 현금흐름은 다르다'는 점을 중요하게 기억해야 한다.

그리고 또 한 가지 중요한 점은 **'영업현금흐름을 반드시 플러스로 만들어야 한다.'** 1년 정도라면 몰라도 영업현금흐름이 계속 마이너스면 회사를 유지할 수 없다.

🥧 투자현금흐름의 포인트는 '미래투자'의 여부다

'**투자현금흐름**'은 기업이 투자에 얼마나 돈을 썼는지, 그리고 그 투자에서 얼마나 돈을 회수했는지를 나타낸다.

내가 투자현금흐름을 볼 때 가장 중점적으로 살피는 것은 **미래투자를 하고 있느냐다.** 구분 방법은 이렇다. 투자현금흐름에 있는 '유형고정자산의 취득'이라는 부분을 보기 바란다(도요타의 경우는 '유형고정자산의 구입'이다). 이것과 영업현금흐름에 있는 '감가상각비'를 비교하는 것이다. '감가상각비'는 앞으로도 자주 등장하는데, 그 기간 동안 설비나 기계의 가치가 감소한 정도라고 생각할 수 있다. 그리고 '**유형고정자산의 취득≧감가상각비**'인지를 보면 된다.

감가상각비만큼 재투자를 하지 않으면 기업은 현 사업을 유지조차할 수 없기 때문이다. 물론 해마다 편차는 있으므로 1년 동안의 수치만으로 판단하기는 어렵지만, 장기간에 걸쳐 감가상각비 이하로 유형고정자산을 취득했다면 현 사업은 점점 악화될 수도 있다. 유형고정자산의 취득에는 토지의 취득도 포함되는데, 토지는 감가상각을 하지 않기 때문에 기계 등의 가치 감소분보다 토지를 포함한 유형고정자산의 취득액이 더 커지기 쉬우므로 수치에 속지 않도록 주의해야 한다.

미래투자는 감가상각비인 설비나 기계의 가치감소분보다 얼마나 더 많이 '신규' 설비투자를 했느냐로 알 수 있다. 즉 '유형고정자산 취득액-감가상각비'를 미래투자액이라고 생각하면 된다.

도표 3-2 〈도요타 자동차〉의 연결 현금흐름계산서

(백만 엔 미만 반올림)

과목	당기 (2006/4~2007/3)
영업활동에 따른 현금흐름	백만 엔
당기순이익	
영업활동으로 얻은 현금 〈순액〉에 대한 당기순이익의 조정	1,644,032
감가상각비	1,382,594
⋮	⋮
영업활동으로 얻은 현금 〈순액〉	3,238,173
투자활동에 따른 현금흐름	
⋮	⋮
유형고정자산의 구입 〈임대자산 제외〉	△ 1,425,814
⋮	⋮
유형고정자산의 매각 〈임대자산 제외〉	64,421
⋮	⋮
투자활동에 사용한 현금〈순액〉	△ 3,814,378

 COLUMN 전략적 투자와 재무적 투자

　　투자에는 '전략적' 투자와 '재무적' 투자가 있으며, 양쪽 모두 투자현금흐름에 나타난다. 도요타와 같이 현금이 풍부한 회사의 경우에는 재무적 투자(3개월 이상의 정기예금이나 채권에 대한 투자, 주식 투자 등)의 비율이 높아지므로 전략적 투자와 구분해 생각할 필요가 있

다. 그러나 많은 회사는 그만큼 자금적인 여유가 없기 때문에 그다지 신경을 쓸 필요는 없다.

〈닛산 자동차〉의 이야기를 다시 해보면, 〈닛산 자동차〉가 V자 회복을 달성한 시기의 현금흐름계산서를 보기 바란다. 1999년도와 2000년도다(도표3-3). 〈닛산 자동차〉는 1999년도에 약 6,800억 엔의 순손실을 냈지만 2000년도에는 3,300억 엔, 2001년도에는 3,700억 엔의 흑자로 돌아섰다. 문자 그대로 V자 회복이다.

그러나 이 시기의 현금흐름계산서에서 '감가상각비'와 '유형고정자산의 취득'이라는 항목을 살펴보자(감가상각비에는 주로 리스 차량으로 생각되는 리스 자산의 상각비도 포함된다). 1999년도와 2000년도 모두 고정자산의 감가상각비는 각각 4,000억 엔 전후였다. 그에 비해 유형고정자산의 취득에 따른 지출은 2,383억 엔과 1,972억 엔이었다. 여기에 리스 자산의 증가액을 더하면 감가상각비 정도는 지출을 한 듯이 보이지만, '유형고정자산의 매각에 따른 수입'이 각각 약 1,000억 엔 정도 있기 때문에 '순수(취득-매각)'한 고정자산 취득은 감가상각비에 크게 못 미친다.

즉 〈닛산 자동차〉가 재건 계획을 실행에 옮기고 몇 년 동안은 투자를 큰 폭으로 억제했음을 현금흐름계산서를 통해 명확히 알 수 있다. 물론

도표 3-3 〈닛산 자동차〉의 연결 현금흐름계산서

(백만 엔 미만 반올림)

과목	2000년 (00/4~01/3)	1999년 (99/4~00/3)
	백만 엔	백만 엔
I 영업활동에 따른 현금흐름		
법인세 차감 전 순이익	289,698	△ 712,654
감가상각비	360,191	434,553
⋮		
계	73,251	292,091
II 투자활동에 따른 현금흐름		
⋮		
유형고정자산의 취득에 따른 수입	△ 197,216	△ 238,347
유형고정자산의 매각에 따른 수입	98,692	85,859
리스 자산의 증가액	△ 170,146	△ 153,793
⋮		
계	△ 15,585	△ 180,412

회사 존속의 위기 상황에서는 사업 재건을 최우선으로 삼아야 함이 당연하다. 그래서 인원과 자산을 대규모로 정리하고 투자를 억제한 것이다. 그러나 특정 시점의 투자 억제는 미래의 자동차 판매에 영향을 끼칠 수 있다. 〈닛산 자동차〉는 하이브리드 자동차나 연료전지의 개발에서도 〈도요타 자동차〉나 〈혼다 자동차〉에 뒤쳐지고 있는 듯이 보이는데, 이 또한 V자 회복기의 투자 억제에 그 원인이 있을 것이다.

그러나 경영이 안정 궤도에 진입한 뒤로는 감가상각비를 웃도는 투자를 하고 있으며, 현재는 감가상각비보다 약 1,000억 엔 많은 고정자산을 취득하고 있으므로 언젠가는 효과가 나타날 것이다.

🥧 재무현금흐름은 차입금과 주주환원을 본다

또 하나의 현금흐름은 '**재무현금흐름**'이다. 이것은 재무 활동에 따른 현금흐름의 움직임을 나타낸다. 구체적으로는,

① 차입, 사채, 증자 등을 통한 자금조달과 자금상환

② 배당과 자사 주식 구입 등의 주주환원

을 나타낸다(도표3-1 참조).

융자를 받으면 재무현금흐름은 플러스가 되며, 그 돈을 갚으면 마이너스가 된다. 주주환원은 현금을 지급하는 것이므로 재무현금흐름이 마이너스가 된다. 차입금의 증가나 증자 등의 재무 활동을 하면 자금조달이 되어 현금흐름은 플러스가 되지만, 이런 재무 활동이 좋다고 할 수 없다. 즉 재무현금흐름이 항상 플러스인 것은 건전하다고 할 수 없는 것이다. 주주환원을 실시하거나 차입금을 상환하면 재무현금흐름은 마이너스가 되므로, 재무현금흐름은 마이너스인 것이 오히려 건전하다.

🥧 현금흐름경영의 기본은 '버는 것'과 '쓰는 것'

현금흐름을 중시하는 경영을 현금흐름경영이라고 한다. 현금흐름경영의 기본은 '버는 것'과 '쓰는 것'이다. 지금까지 설명했듯이 '영업현금흐름'은 버는 것이고, '투자현금흐름'과 '재무현금흐름'은 쓰는 것이다. 현금흐름을 이용하는 방법으로는 '미래투자', '재무개선', '주주환원'의 세 가지가 있다.

기업은 〈닛산 자동차〉의 예에서도 알 수 있듯이 미래투자를 충분히 해야 한다. 미래투자는 현 사업을 유지할 뿐만 아니라 발전시킨다. 미래투자에는 재무제표에 나타나는 설비투자뿐만 아니라 미래를 책임질 인재에 대한 투자도 포함된다. 미래투자를 하지 않는다면 활력이 생기지 않는다. 또 재무 상황이 그다지 좋지 않은 회사라면 벌어들인 현금흐름을 재무개선에 우선 사용해야 한다. 또한 현재의 주주에 대한 환원도 주가를 유지하는 데 중요한 요소임은 말할 것도 없다.

이 '버는 것'과 '쓰는 것'의 가장 이상적인 상황은 벌어들인 영업현금흐름의 범위 안에서 미래투자와 재무개선, 주주환원을 하는 것이다. 즉 돈을 쓰는 투자현금흐름과 재무현금흐름의 마이너스 합계가 벌어들이는 영업현금흐름의 액수를 넘지 않는 것이 좋다.

'버는 것'에 대해 추가적으로 설명할 것이 하나 있다. 바로 '자유현금흐름'에 대해서다. 이것은 말 그대로 기업이 '자유롭게' 사용할 수 있는 돈이다. 영업현금흐름을 벌어들여도 그것이 전부 자유롭게 사용

자유현금흐름

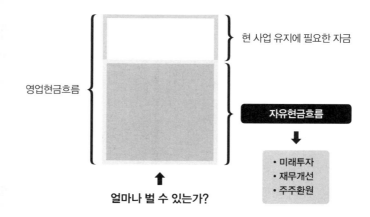

현 사업 유지에 필요한 자금

영업현금흐름

자유현금흐름

⬇

• 미래투자
• 재무개선
• 주주환원

얼마나 벌 수 있는가?

할 수 있는 자금은 아니다. 현 사업을 유지하기 위해 필요한 자금(대개 감가상각비 정도)은 자유롭게 사용할 수 있는 자금이 아니다. 즉, 자유현금흐름은 '영업현금흐름에서 현 사업 유지를 위해 필요한 자금을 뺀 돈'이다. 기본적으로는 자유현금흐름을 미래투자와 재무개선, 주주환원에 사용한다. 이 자유현금흐름을 얼마나 벌어들일 수 있느냐가 기업의 진짜 실력이다(도표3-4).

🥧 회사의 가치를 올리는 방법은 두 가지뿐

회사의 가치를 계산하는 방법에는 몇 가지가 있는데, 가장 일반적인 것은 '**현금흐름할인법**(Discounted Cash Flow)'이라고 부르는 방법이다.

기업의 가치에 대한 기본적인 개념은 기업이 창출하는 미래의 현금흐름을 지금의 가치로 환산한 값에서 현재의 유이자부채를 빼는 것이다. 식으로 나타내면 '미래의 현금흐름의 현재가치 - 유이자부채'다.

'현재가치'라고 하면 왠지 어렵게 들릴지도 모르지만, 미래 현금흐름의 매년 분을 예측해 그것을 금리로 나눈다고 생각하기 바란다. 미래의 가치를 금리로 나눔으로써 현재의 가치로 환산한다. 금리를 1퍼센트라고 가정하면 지금의 100만 엔은 1년 뒤에는 101만 엔(100만 엔×1.01)이다. 이를 역으로 생각하면 1년 뒤의 100만 엔은 지금의 가치로 99만 엔(100÷1.01)이 된다. 이것을 '1년 뒤 100만 엔의 현재가치'라고 한다.

미래의 현금흐름을 1년 단위로 예측해 금리로 나눈 값을 전부 더하고 여기서 현재의 유이자부채를 빼면 회사의 가치가 나온다. 이는 정확히 말하면 주식의 가치다(도표3-5).

계산 방법이나 자세한 사항은 충분히 이해하지 않아도 괜찮지만 한 가지 알아 둬야 할 점은, 회사의 가치를 올리려면 식에서 알 수 있듯이 ①미래의 현금흐름을 늘리거나 ②유이자부채를 줄이는 방법뿐이다.

현금흐름할인법의 기본

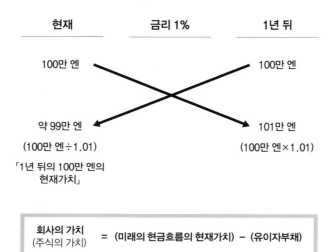

현재　　　　　금리 1%　　　　1년 뒤

100만 엔　　　　　　　　　　100만 엔

약 99만 엔　　　　　　　　　101만 엔
(100만 엔÷1.01)　　　　　　(100만 엔×1.01)
「1년 뒤의 100만 엔의
　현재가치」

회사의 가치
(주식의 가치) = (미래의 현금흐름의 현재가치) - (유이자부채)

이것은 바로 앞항 '쓰는 것'에서도 설명한 미래투자와 재무개선이다. 즉 영업현금흐름을 벌어 그것을 미래투자에 쓴다면 미래의 현금흐름이 늘어나며, 빚을 갚으면 그만큼 회사의 가치가 올라가는 셈이다. '버는 것'과 '쓰는 것'은 회사의 가치를 높이는 행위다.

🌑 정부의 현금흐름계산서를 생각한다

　지금까지 기업의 현금흐름계산서를 설명했다. 이제부터는 정부의 현금흐름계산서를 생각해 보도록 하자. 안타깝게도 정부의 경우 기업과 같이 영업과 투자, 재무라는 세 가지 현금흐름으로 나누기에는 충분한 자료가 없지만, 그래도 현금흐름계산서를 만들어 보면 많은 것을 알 수 있다. 제2장의 도표2-5는 재무성이 작성한 2007년도 일반회계 예산이었다. 회계의 규모는 약 83조 엔이다. 정부의 세입·세출은 기업으로 치면 손익계산서에 해당하는데, 정부의 예산은 원칙상 현금흐름이므로 현금흐름계산서라고도 생각할 수 있다. 현금의 출입이 세입과 세출이다.

　이 자료만으로 영업현금흐름과 투자현금흐름을 구분할 수는 없지만, 일단 '영업+투자현금흐름'과 '재무현금흐름'으로 나눌 수는 있다. 그것이 도표3-6이다. '영업+투자현금흐름'에서는 세입인 '조세와 인지 수입'에 '기타 수입'을 더한 것이 현금흐름 중 유입(수입)이 된다. 다 합쳐서 약 57.5조 엔이다. 또 기타 수입인 약 4조 엔 중에는 자산 매각(투자현금흐름에 해당)도 있을 것으로 생각되지만 그 액수는 알 수 없다. 어쨌든 영업+투자현금흐름에 포함된다. 유출(지출) 쪽을 살펴보면, 세출인 '사회보장'에서 '지방 교부세·교부금' 등까지 합계 약 61.9조 엔이 '영업+투자현금흐름'의 현금 유출분에 해당한다.

　여기까지를 정리하면 '영업+투자현금흐름'의 유입(수입)은 57.5조

정부의 현금흐름계산서

영업+투자현금흐름

수입	조세 및 인세 수입	53.5조엔
	기타	4.0
수입합계		57.5조엔
지출	사회보장	21.1조엔
	공공사업	6.9
	문화·교육 및 과학진흥	5.3
	방위	4.8
	기타	8.8
	지방 교부세·교부금	14.9
지출합계		61.9
공제액		△4.4조엔

재무현금흐름

수입	공채금수입	25.4조엔
지출	기타국채비	21.0
공제액		+4.4조엔

엔, 유출은 61.9조 엔이다(도표3-6). 이 시점에서 벌써 4.4조 엔의 적자다. 달리 말하면, 건전한 기업처럼 영업현금흐름의 플러스로 투자현금흐름의 마이너스를 충당할 수 없음은 명확하다.

재무현금흐름에서는 '공채금 수입' 25.4조 엔이 현금흐름의 유입이며, 한편 유출은 국채비 21조 엔이다. 원래 마이너스여야 할 부분인데 오히려 4.4조 엔의 플러스다. 즉 '영업+투자현금흐름'의 마이너스를 재무현금흐름이 메우는 형태인 것이다. 기업에서는 영업현금흐름이나 자유현금흐름을 벌어서 그것을 미래투자, 재무개선, 주주환원에 사용하는 것이 '건전한' 현금흐름계산서였다. 이것을 보면 정부의 재정이 얼마나 건전한 상황과 거리가 먼지 극명하게 드러난다.

또한 정부의 재정투자·융자는 2007년도에 14.2조 엔이었다. 이 지출은 인프라 정비와 대출에 사용되는데, 장기적인 인프라 정비가 목적이므로 재정투자·융자의 지출은 투자현금흐름이라고 생각해도 좋을 것이다. 그러나 수입의 상당 부분을 '재정융자자금 특별회계국채'로 충당하고 있기 때문에 수입은 재무현금흐름으로 생각된다. 이 재정투자·융자를 위의 '영업+투자현금흐름', '재무현금흐름'에 더해도 결론은 크게 달라지지 않는다.

그 밖에도 정부에는 의료, 연금 같은 특별회계가 있지만 그 실태는 안타깝게도 잘 알 수가 없다.

🍩 정부가 미래투자를 하지 않으면 국가의 미래가 위험하다

이렇듯 정부의 자유현금흐름은 매우 부족한 상황이다. 제로까지는 아니지만, 유입이 충분하지 않은데다가 재정의 경직화가 진행되고 있기 때문에 미래투자나 재정개선이 여의치 않다. 제2장에서도 이야기했듯이 2011년에 기초재정수지가 균형을 잡기 전까지 재무 내용은 악화될 '예정'이다.

정부가 실시하는 투자 중에는 물론 현재 상황의 유지뿐만 아니라 미래투자도 포함되어 있겠지만, 충분한 현금흐름을 만들지 못하는 이상 충분한 미래투자를 할 수 없음은 쉽게 상상할 수 있다. 그래서 자기부상열차나 제2의 도메이고속도로 건설이 좀처럼 진행되지 않는 것이다. 그러니 재무개선은 물론 더욱 뒤로 미뤄질 수밖에 없다.

〈닛산 자동차〉의 예를 볼 것도 없이, 미래투자를 충분히 해 두지 않으면 장래에 반드시 영향이 나타난다. 지금은 어떻게든 넘어가더라도 미래의 번영은 힘들어질 수 있다. 여기서 정부는 어려운 결단을 내려야만 한다. 먼저 재정을 건전화시킬 것인지, 아니면 재정 건전화는 조금 뒤로 미루더라도 미래투자를 어느 정도 할 것인지를 선택해야 한다. 아마도 카를로스 곤의 방식이 참고가 될 수 있을 것이다. 도산 확률이 높으면 재무개선을 서둘러야 한다. 그러지 않으면 경제가 대혼란을 일으킬 것이기 때문이다. 그러나 도산 확률이 그다지 높지 않다면 균형을 잡으면서 미래투자를 해야 한다. 중요한 것은 **현재와 미래의 균형**이다.

어쨌든 정부는 인건비를 비롯해 불필요한 지출을 억제하고 재무를 개선하면서도 미래투자에 자금을 사용해야 한다. 재무개선도, 미래투자도, 우리 자녀들의 미래를 위해 현재를 사는 우리가 해야 할 책무인 것이다.

🌑 인재는 최대의 미래투자지만
투자현금흐름에도 대차대조표에도 실리지 않는다

　　'인재'는 기업의 가장 큰 자원이라고 하지만 대차대조표에 자산으로 기록되지는 않는다. 인재를 획득하고 육성하기 위해 돈을 사용하지만, 대차대조표에 나타나지 않을 뿐만 아니라 '투자현금흐름'에도 기록되지 않는다. 전부 경비다. 회계상으로 장래 수익을 낳는 원천은 자산이지만, 유독 사람에 관해서는 전부 경비로 처리된다.

　그러나 기업에게도, 국가에게도 인재 육성에 대한 투자는 미래를 위해 가장 중요한 일이다. 특히 일본은 자원도 식량도 부족한 나라다. 지혜야말로 일본이 발전하기 위한 최대의 열쇠인 것이다. 그러기 위해서라도 인재 육성, 특히 교육에 자금을 사용하는 것이 가장 필요하다. 요즘 '양극화 사회'가 화제가 되고 있는데, 나는 결과의 격차에 대해서는 할 말이 없다. 그러나 기회는 모든 사람에게 평등해야 한다. 이를 위해서라도 의욕이 있고 노력하는 사람에게는 소득의 정도에 상관없이 고등 교육의 기회를 줘야 한다.

　현재 국립대학의 수험료가 1년에 50만 엔이 넘는다. 내가 대학생이었던 시절(30년 전이지만)에는 10만 엔도 하지 않았기 때문에 의지만 있으면 조금 무리를 해서라도 대학에 갈 수 있었다. 그러나 국립대학의 독립행정법인화와 정부의 재정 악화로 인해 수업료가 더 오르는 상황으로 치닫지 않을까 걱정된다. 국가는 인재 육성과 교육을 '미래투자'라고 생각하고 최우선 과제로 삼기를 바란다.

제4장

왜 IT기업은 브랜드에 집착할까?

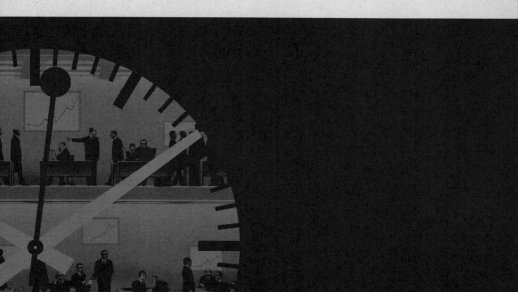

이 장에서는 관리회계, 즉 경영을 위해 기업 내부에서 사용하는 회계에 관한

지식을 공부하도록 하자. 관리회계는 경영 전략을 생각하는 도구들의 보물창

고다.

🥧 왜 IT기업은 돈도 안 되는
야구단을 소유하고 싶어 할까?

몇 년 전에 인터넷 검색 포털 〈라이브도어〉(한때는 일본 벤처업계의 신화로까지 불렸으나 창업자의 배임 행위로 경영 사정이 악화되었고, 최근 한국 NHN에 인수되었다)가 긴테쓰 구단(오사카의 프로야구단. 모회사의 재정악화로 라이브도어의 표적이 되었으나 결국 인수되지 못한 채 다른 구단과 합병으로 해체되었다)을 노렸고, 그 후 인터넷 쇼핑몰 〈라쿠텐〉이 프로야구단을 결성하는 등 IT기업들이 프로야구단을 소유하고 싶어 하는 현상이 이어졌다. 왜 그들은 언뜻 무의미하게 보이는 투자를 지향한 것일까?

물론 〈라쿠텐〉이나 〈라이브도어〉가 IT거품을 탄 주식 신규발행으로 거액의 자금을 보유하고 있기 때문이기도 하다. 그러나 자금이 남아돌아도 그것을 채산성이 의심되는 야구단 사업에 투입하기보다는 좀 더 확실히 수익을 얻을 수 있는 IT관련 사업이나 부수 사업에 자금을 투입하는 편이 더 쉽게 이익을 향상시켜 주주의 이해를 구할 수 있지 않을까라는 생각이 언뜻 든다. 또는 확실히 이익을 올리고 있는 회사를 매수하는 것도 좋은 선택이었을 것이다. 그러나 그들은 굳이 프로야구단 매수 후보에 이름을 올렸고, 〈라쿠텐〉은 실제로 프로야구단 운영을 시작했다.

사실 그 배경에는 IT산업이 기존의 사업과 다른 손익 구조를 지니고 있다는 데 커다란 원인이 있다. 간단한 회계 지식이 있으면 그 점을 쉽게 이해할 수 있다. 결론부터 말하자면, IT산업은 설비투자가 적게 들어가고 고정비나 변동비 또한 적게 드는 산업이다. 그렇기 때문에 그들은 프로야구단이라는 브랜드를 탐냈던 것이다. 이것을 관리회계로 설명하도록 하겠다.

설비투자형 산업은
막대한 초기투자비가 진입 장벽이다

산업은 크게 두 가지로 나눌 수 있다. 하나는 비교적 거액의 설비투자가 필요한 산업이다. 철강업 등의 제조업체와 전철, 통신 사업 등이 여기에 해당된다. 감가상각비 등의 고정비가 많이 들어간다. 또 하나는 유통업으로, 도매업이나 전통적인 상사(商社)가 그 전형적인 예다. 다른 회사가 만든 물품을 유통시키는 것이 주된 업무이며, 설비투자는 그다지 많이 필요하지 않지만 그만큼 기업의 수도 많고 매입액 등의 변동비가 많이 들어가기 때문에 이윤도 한정적이다. 물론 양자의 중간적인 형태도 있다.

먼저 설비투자형 산업부터 살펴보자. 이 산업은 거액의 설비투자가 필수적이다. 지금 만약 일본 국내에 〈신일본제철〉 기미쓰 제철소의 500톤 급 고로(高爐)를 보유한 대규모 제철소를 건설하려 한다면 토지 가격을 포함해 조 단위의 자금이 필요하다. 일본의 제철업은 최근 수년간 자동차용 아연도금철판의 수요 확대에 따라 연간 매출 1억 2,000만 톤 정도를 유지하며 호조를 보이고 있지만, 그럼에도 신규 제철소를 건설할 예정은 현재 없다. 거액의 설비투자비용에 대한 부담을 생각하면 현재 사용하는 고로를 개조·보수하는 등 기존 시설을 증강하는 것이 경제적이다. 또 액정 패널의 제조도 큰 폭으로 증가하고 있지만 액정 패널 공장은 건설하는 데만 1,000억 엔 단위의 자금이 필요하다. 철도 사업이나 대형 쇼핑센터 운영 사업 역시 초기 투자에 거액이 필요하기 때문에 자금 부담을 감내할 수 있는 기업이 아니면 참여하지 못한다. 말하자면 거액의 설비투자가 진입 장벽이 되어 참가자를 제한한다.

이러한 산업들은 고정비가 많이 들어간다. 고정비란 매출의 증감과 상관없이 발생하는 비용이다. 그리고 이 고정비의 상당 부분을 차지하는 것이 '**감가상각비**'다. 감가상각비는 설비투자 등 투자를 할 때 필요한 '자금'을 그 사용기한으로 나눠 '비용화'하는 것이다. 최대한 단순화하자면, 가령 1,000만 엔의 자금이 필요한 공장의 건물과 기계 설비를 20년 동안 사용한다고 했을 때 1년당 감가상각비는 50억 엔(1,000억 엔÷20년)이다. 만약 설비투자를 한 해에 비용 전액을 한꺼번에 계상하면 그 해는 대형 적자가 되지만 이듬해부터는 흑자액이 늘어난다. 이와 같이 비용과 이익이 들쑥날쑥해지는 것을 조정하기 위한 개념이 감가상각으로, 매출을 계상할 수 있는 기간과 비용을 일치시키려는 생각에서 나왔다(토지는 사용해도 줄어들지 않으므로 감가상각의 대상이

119

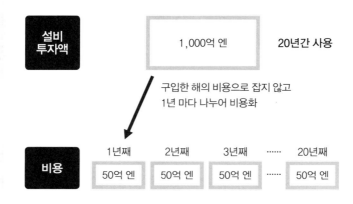

설비
투자액

1,000억 엔   20년간 사용

구입한 해의 비용으로 잡지 않고
1년 마다 나누어 비용화

비용

1년째   2년째   3년째   ······   20년째

50억 엔   50억 엔   50억 엔   ······   50억 엔

※ 비용을 나누는 방법에는 그림과 같은 정액법 이외에도
초기 상각의 다수정률법 등도 있다.

아니다)(도표4-1).

　설비투자가 많이 필요한 산업에서는 여기서 말한 감가상각비를 중심으로 거액의 고정비가 들어가고, 그만큼 매출액에 따라 증감하는 변동비는 적게 들어간다. 세상은 공평하다(도표4-2).

　변동비는 매입한 원자재나 사용한 전력, 가스 등이 해당한다(방금 "세상은 공평하다"고 했지만, 좀 더 정확히 설명하자면 제품 가격에 고정비의 부담 분을 포함시켜야 하므로, 변동비가 그다지 들어가지 않는다고도 할 수 있다. 그렇게 하지 않

산업별 고정비와 변동비의 차이

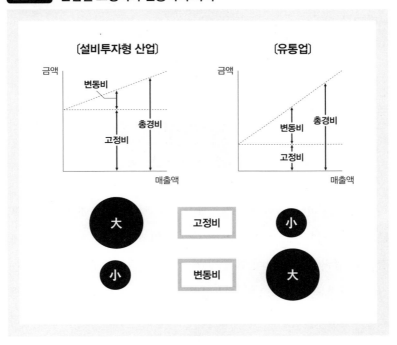

으면 경영이 되지 않는다).

매출액에서 차지하는 변동비의 비율을 **변동비율**이라고 하는데, 변동비율이 낮은 사업은 어느 일정한 매출액을 넘어서면 큰 이익을 올리게 된다. 실제로 최근 수년 동안 업계 1위 〈신일본제철〉과 업계 2위 〈JFE스틸〉은 5,000억 엔 정도의 영업이익을 올렸다(도표4-3).

지금 '어느 일정한 매출액'이라고 말했는데, 정확히는 비용과 일치

도표 4-3 신일본제철의 실적 추이

(단위: 백만 엔)

	1998년 3월기	1999년 3월기	2005년 3월기	2006년 3월기
매출액	2,759,409	2,680,611	3,906,301	4,302,145
영업이익	92,396	120,296 ➡	576,319	580,097
순이익	11,478	11,173	343,903	351,182

매출액은 약 1.5배
영업이익은 약 4.8배

하는 매출액'이다. 아마 여러분도 들어 본 적이 있을 텐데, 이것을 **손익
분기점 매출액**이라고 한다. 설비투자형 산업에서는 이 손익분기점 매
출액을 넘어서면 이익이 대폭 증가한다. 즉 설비투자형 산업에서는
감가상각비를 중심으로 하는 고정비가 많이 들어가기 때문에 좀처럼
손익분기점 매출액에 도달하지 못하지만, 일단 손익분기점에 도달하
면 그 뒤에는 고정비가 적기(변동비율이 작기) 때문에 막대한 이익을 낼
수 있다(반대로 손익분기점에 도달하지 못하면 거액의 손실을 계상할 가능성도 있
다). 손익분기점을 크게 넘어설수록 이익액뿐만 아니라 이익률도 높
아지기 때문에, 많을 때는 매출액 이익률이 10퍼센트를 크게 웃돌 때
도 있다.

🥧 유통업은 뛰어들기 쉽지만 이익은 그다지 많지 않다

　　　기존 산업의 또 다른 전형인 도매업이나 상사 등의 유통업은 설비투자 산업처럼 거액의 설비투자는 필요하지 않다. 사무실 등은 필요해도 공장 같은 설비는 필요하지 않다. 인건비도 어느 정도는 들어가지만 유통이 주된 업무이므로 매출에 대한 인건비도 그다지 높지 않다.

　그렇기 때문에 진입이 용이하다. 조금만 경험이 있으면 경우에 따라서는 혼자서도 집에 책상과 전화기를 놓고 시작할 수 있다. 그러나 세상은 참으로 공평해서, 이런 업종은 다른 회사에서 구입한 상품을 판매하기 때문에 매입비용이 많이 들어간다. 변동비가 많은 것이다. 매출액에서 판매 상품의 매입액을 뺀 것을 일반적으로 **매출총이익**이라고 하는데, 이 매출총이익이 작다.

　물론 같은 유통이라도 매출총이익에는 큰 차이가 있다. 단순히 상품을 유통만 한다면 수 퍼센트 정도에 그칠 경우도 많지만, 중간 과정이 들어가면 수십 퍼센트가 될 때도 있다. 이렇게 말하면 독자 중에는 '그렇게 이익을 낼 수 있으면 설비투자형 산업보다 낫잖아?'라고 생각하는 사람도 있을지 모른다. 그러나 사실 매출총이익이 클 경우에는 광고·선전비나 유통비용, 보관비용이 많이 필요하거나 의류 산업처럼 반품 리스크를 안아야 할 때도 많다. 매출총이익을 많이 가져가고 있기 때문에 그 비용과 리스크를 견딜 수 있다. 역시 세상은 공평하다.

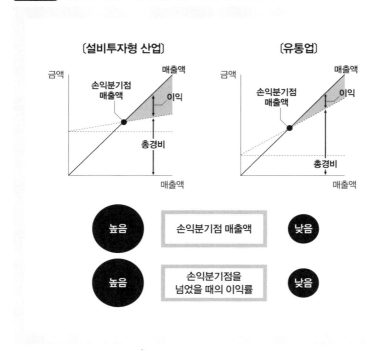

도표 4-4 설비투자형과 유통업의 손익분기점 분석의 차이

쉽게 돈을 벌게 해 주지 않는다. 광고·선전비나 유통·보관비용 등도 매출액에 비례할 때가 많기 때문에 변동비로 생각할 수 있다. 또 반품은 직접적으로 매출액을 감소시키므로 결국은 변동비가 많이 들어가게 된다.

그러므로 이러한 업종은 고정비 부담이 그다지 없어 진입이 비교적 용이하며 손익분기점 매출액도 그리 높지 않다. 그러나 손익분기점을 넘어도 설비투자형 산업처럼 막대한 이익이 들어오지는 않는다. 매출액 이익률이 아무리 높아도 10퍼센트 수준에 그치는 곳이 많으며, 수퍼센트 정도인 곳도 적지 않다(도표4-4).

🥧 IT산업은 좋은 점만 갖췄다

IT산업은 기존 산업의 좋은 점만 갖추고 있다는 것이 특징이다.

먼저 설비투자비가 그다지 많이 들어가지 않음은 쉽게 예상할 수 있을 것이다. 컴퓨터 한 대만 가지고도 시작할 수 있다. 마이크로소프트의 창업자 빌 게이츠는 동료 두 명과 함께 자택의 차고에서 지금의 사업을 시작했다고 한다. 컴퓨터나 서버를 살 돈이 없다면 리스도 가능하다. 또 〈라쿠텐〉은 '온라인 쇼핑몰'이 비즈니스 모델인데, 1만 점이 넘는 점포가 입점해 있다. 만약 진짜 쇼핑몰이라면 토지 비용이나 건설비용을 포함해 조 엔 단위의 설비투자를 해야 한다. 그러나 〈라쿠텐〉은 이것을 컴퓨터 상의 가상공간에서 실현했기 때문에 아무리 많아도 그 수십 분의 1 정도의 비용으로 해결했을 것이다. 그리고 설비투자가 적은 만큼 감가상각비 같은 고정비도 적어진다(도표4-5 참조).

또 변동비도 많지 않다. IT산업의 대부분은 소프트웨어 개발을 함께 하는데, 일단 소프트웨어를 개발하면 매출이 늘어나도 추가로 개발을

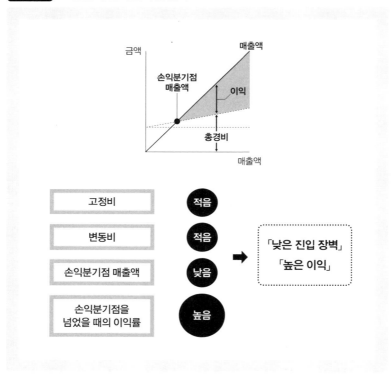

도표 4-5 IT산업의 손익분기점 분석

고정비	적음
변동비	적음
손익분기점 매출액	낮음
손익분기점을 넘었을 때의 이익률	높음

→ 「낮은 진입 장벽」 「높은 이익」

할 필요가 거의 없다. 열 명이 사용하든 1만 명이 사용하든, 서버 확장 외의 변동비는 크게 증가하지 않을 때가 많다. 〈라쿠텐〉도 입점사가 하나 늘어났다고 해서 쇼핑센터를 증축할 필요는 없으며 간단한 프로 그램 수정만 하면 되기 때문에 변동비는 거의 들지 않을 것이다.

〈라쿠텐〉의 온라인 쇼핑몰 비즈니스의 경우 2007년 1~9월기 결산

〈라쿠텐〉의 연결대차대조표 (요약)

(단위 : 백만 엔)

구분	2006년 12월 31일 현재	
	금액	구성비
(자산)		%
Ⅰ 유동자산		
1 현금과 예금	111,182	
〜	〜	
유동자산 합계	964,898	74.4
Ⅱ 고정자산		
1 유형고정자산		
(1) 토지	31,616	
(2) 기타	17,263	
유형고정자산 합계	48,940	3.8
〜	〜	
자산 합계	1,296,062	100.0

에서 매출액 영업이익률이 25퍼센트나 된다. 이른바 '대박' 비즈니스다. 이것은 〈라쿠텐〉만의 이야기가 아니며, 성공한 다른 IT산업도 마찬가지다(**도표4-7 참조**).

도표 4-6② 〈이온〉의 연결대차대조표 (요약)

(단위 : 백만 엔)

구분	2007년 2월 20일 현재	
	금액	구성비
(자산)		%
I 유동자산		
1 현금과 예금	398,375	
〜	〜	
유동자산 합계	1,662,107	47.0
II 고정자산		
1 유형고정자산		
(1) 건물과 건축물	719,892	
(2) 기구 · 비품	117,775	
(3) 토지	282,069	
(4) 건설 가계정	22,431	
(5) 기타	1,138	
유형고정자산 합계	1,143,307	32.3
〜	〜	
자산 합계	3,534,346	100.0

도표 4-7 〈라쿠텐〉의 사업 부분별 정보 (2007년 12월기 3사분기)

(단위 : 백만 엔)

	온라인 쇼핑몰 사업	신용결제 사업	포털 미디어 사업	여행사업	증권사업	프로 스포츠 사업	연결
매출액	53,841	53,887	10,657	9,787	23,622	6,859	151,016
영업비용	40,324	54,434	10,803	5,193	18,966	7,031	131,284
영업손익	13,516	(546)	(145)	4,594	4,656	(171)	19,731

🥮 IT산업의 최대 진입 장벽은 '브랜드 파워'

이 쯤 되면 〈라쿠텐〉이 왜 야구단을 가지고 싶어 했는지 이미 눈치 챘을지도 모르겠다.

IT산업은 수익구조적으로는 '대박' 비즈니스다. 초기 투자가 그다지 필요하지 않으므로 진입 장벽이 낮으며, 이는 고정비가 적어 비교적 적은 매출액으로도 손익분기점에 도달할 수 있음을 의미한다. 또 변동비가 그다지 들지 않기 때문에 일단 손익분기점을 넘어서면 큰 이익을 낼 수 있다. 기존 비즈니스의 좋은 점만 갖춘 비즈니스 모델이다.

이만큼 대박 비즈니스라면 참가자가 크게 늘어나리라는 것도 쉽게 예상할 수 있다. 너도나도 IT산업에 뛰어들게 된다. 투자가들 역시 그런 IT산업의 쏠쏠함을 직감적으로 알고 있기 때문에 주식을 사게 되고, 그 결과 IT거품도 생긴다. 이렇게 되면 참가자가 더더욱 늘어난다. 실제 비즈니스로 수익을 내지 못해도 주식 발행 등의 방법으로 돈을 벌 수 있기 때문이다. 비즈니스의 본질에서 벗어난 '악당들'도 등장한다. 우후죽순으로 참가자가 늘어나게 되는 것이다.

이러한 중에 다른 회사와 차별화를 꾀하거나 타사의 진입을 방해할 수 있는 방법은 무엇일까? 바로 '지명도'다. 조금 다른 시각에서 보면, 인터넷상에서 상품을 사거나 주식을 거래하는 경우 다양한 불안 요소가 발생하기 마련이다. '이 상품이 과연 진짜일까?', '돈을 내고 상품을 받지 못하지는 않을까?', '결제 사고가 일어나지는 않을까?', '신용카드

번호나 예금 계좌 정보가 누군가에게 유출되지는 않을까?'…….

그럴 때 어느 정도 '유명한' 곳이라면 그래도 안심이 된다. 나는 이 책의 원고 작성에 사용한 컴퓨터를 〈라쿠텐〉에서 구입했다. 고액의 상품을 살 때 이름이 잘 알려진 곳이라면 실제로 그런지 아닌지는 몰라도 안심이 된다. 책은 주로 인터넷 서점 〈아마존〉에서 사는데, 이것 역시 다른 인터넷 서점에 비해 〈아마존〉의 지명도가 높은 데 따른 영향이 크다.

지명도를 높이는 방법은 여러 가지가 있겠지만, 프로야구는 몇 손가락 안에 꼽히는 효과적인 방법이다. 특히 IT산업과 같은 신흥기업에 프로야구라는 '기성 조직'은 사회적 지위를 높여 주며 신용도 향상에 크게 기여한다.

◑ 기존에도 고정비와 변동비가 작은 비즈니스는 있었지만……

물론 기존에도 고정비나 변동비가 그다지 들어가지 않는 비즈니스가 있다. 예를 들어 나는 6명 규모의 작은 컨설팅 회사를 운영하고 있는데, 고정비나 변동비 모두 그다지 필요하지 않다. 고정비는 인건비와 임대료가 대부분이며, 변동비는 거의 없다. 변호사 사무소 등도 이 부류에 속하며, 도예나 회화 공방 등도 여기에 가깝다.

그러나 이런 비즈니스는 규모를 키울 수 없는 사업들이다. 덩치를 키워도 그다지 규모의 이점을 누릴 수 없으며, 오히려 관리 비용이 많이 들고 간접 인원(고정비)이 늘어날 뿐이다. 또 도예 등은 특정 사람의 영향이 강하기 때문에 규모를 키우는 데 무리가 있다. 따라서 이러한 비즈니스들은 소규모일 때는 비교적 이익이 나지만, 그 특성상 규모를 키울 수 없거나 규모가 커지더라도 이익이 비약적으로 증가하기보다는 오히려 감소한다.

그러나 IT산업은 다르다. 작은 규모로 시작한 비즈니스를 똑같은 비즈니스 모델로 거대화할 수 있다. 빌 게이츠가 친구와 셋이서 시작한 비즈니스는 컴퓨터 운영체제를 만든다는 한결같은 비즈니스 모델로 그를 세계 최고의 부자로까지 만들었다. 기존에는 작은 비즈니스를 시작해 성공한 사람이 그 비즈니스로 얻은 자금을 다른 사업에 투자해 기업 규모를 키우는 일이 많았다. 그러나 IT산업은 소규모로 시작한 사업을 비즈니스 모델을 유지한 채 확대시켜 이익률을 향상시킬 수 있다.

철강업이나 통신 사업을 몇 명이 시작하기는 불가능하다. 도매나 상사는 몇 명이 모여 시작할 수 있지만, 같은 비즈니스 모델을 확대해도 이익액은 늘어날지언정 이익률이 비약적으로 개선되는 일은 거의 없다. 반면에 IT산업은 고정비가 적게 들고 변동비율도 낮다는 점, 여기에 비즈니스 모델을 유지하면서도 이익률을 높이며 규모를 확대할 수 있다는 점에서 일단 '대박을 치면' 세계 최고의 부자를 만들어낼 수 있는 비즈니스 형태다.

🥧 예외에는 이유가 있다

　　앞에서 상사는 규모가 커져도 이익률은 높아지지 않는다고 말했는데, 〈미쓰비시 상사〉는 4,000억 엔에 가까운 이익을 올리고 있으며 기존의 상사와는 이익 수준이 크게 다르다. 그 이유는 〈미쓰비시 상사〉가 '종합 상사'라기보다는 '종합 투자회사'로 바뀌었기 때문이다.

　　2000년 이전에 〈미쓰비시 상사〉의 매출액은 10조 엔 단위였으나 이익은 1,000억 엔 정도였다. 이것은 다른 회사가 만든 상품을 유통하는 전형적인 상사 비즈니스를 하고 있었기 때문이다. 그러나 그 후 대부분의 대형 상사는 유통보다 이익이 많은 비즈니스를 겸하거나 기업 투자회사로 변신했다. 〈미쓰비시 상사〉가 그 전형적인 예다. 편의점 체인인 〈로손〉을 비롯해 수백 개의 기업에 출자하고 인력을 파견해 출자나 투자한 기업을 경영함으로써 이익을 얻고 있다. 최근 이익이 급증한 데는 에너지 부문의 공헌이 크다.

　　그러나 이것은 앞에서 설명한 IT산업형 비즈니스가 되었기 때문은 아니다. 투자한 기업의 산업 형태에 적절한 수익 구조가 조합되었다는 것이 올바른 표현일 것이다. 설비투자형 산업에 투자를 하면 설비투자형 산업의 수익 구조와 유사해지며, IT산업형에 투자를 하면 그 수익 구조와 비슷한 이익을 낳는다. 에너지 산업은 설비투자형 산업에 가까운데 최근 에너지 가격이 상승함에 따라 매출액이 증가해 손익분기점을 크게 넘어섬으로써 이익이 비약적으로 향상되었다(물론 에너지 가격이 하락하면 반대의 상황이 벌어진다).

또 〈소프트뱅크〉(소프트웨어 및 네트워크 제품유통으로 시작해 현재는 이동통신 사업과 인터넷 미디어 사업에까지 진출했다)는 IT산업처럼 보이지만 현재는 설비투자형 통신산업이라고 보는 편이 올바를 것이다. 그렇다면 〈소프트뱅크〉는 그런데 왜 프로야구단을 가졌을까? 아마도 광고 효과나 소유주의 취미 등 다른 이유가 있었을 것이다.

제5장

왜 비행기표는
미리 사면 쌀까?

· · · · · ·

증분이익

'증분이익'이란 쉽게 말해 투입한 비용과 관계없이 내는 이익을 말한다. 단순한 효율성의 문제가 아니라, 산업이나 비즈니스의 구조 상 상품·서비스를 판매하면 어느 시점부터는 수익이 전부 이익이 되는 경우다.

이 장에서는 증분이익과 경쟁 개념을 통해 항공권, 호텔, 고속열차의 가격 결정 과정에 대해 알아보고, 고정비를 이용해 증분이익을 낸 한 운송사의 예시를 분석해보겠다.

🥧 항공사 전체와 여객기 한 대의 고정비와 변동비

　　　　나는 1년의 3분의 1 정도는 출장을 다닌다. 하루 일정으로 갔다 오는 일도 있고, 외국에 나갈 때는 열흘 일정이 되기도 한다. 최근에는 도쿄~오사카 사이를 오갈 때의 교통수단을 신칸센에서 비행기로 바꿨기 때문에 1년에 80회 정도는 비행기를 탄다. 지금 이 원고도 후쿠오카로 향하는 비행기 안에서 작성하고 있다.

　항공권의 가격은 매우 다양한 편이어서, 정규 요금의 절반 정도에 구할 수 있을 때도 있다. 또 오사카 공항에서 시내로 들어가는 모노레일 안에서는 오사카~도쿄의 왕복 항공권과 도쿄 디즈니 리조트 1박 숙박, 여기에 1일 자유이용권까지 포함해 2만 엔대라는 파격적인 여행 상품의 광고도 볼 수 있다. 디즈니랜드에 가지 않고 항공권만 사용해도 정규 요금보다 훨씬 이득이다. 또 외국에는 홍콩에서 런던까지 1만 엔대의 항공권도 있다.

　그렇다면 왜 항공권에는 이런 파격적인 할인 티켓이 있는 것일까? 이것도 기초적인 회계 지식이 있다면 쉽게 이해할 수 있다. 특히 **'증분 이익'**과 **'경쟁'**이라는 개념을 알면 더 쉽게 이해할 수 있다.

　제4장에서 고정비와 변동비에 대해 설명을 했다. 철강업 등의 장치 산업은 고정비가 높지만 그만큼 변동비는 낮다. 도매업 등은 그 반대로, 고정비는 그다지 많이 들지 않지만 변동비율이 높은 사업이다. 항공업계는 당연히 고정비형 산업이다. 점보제트기 한 대라도 약 200억

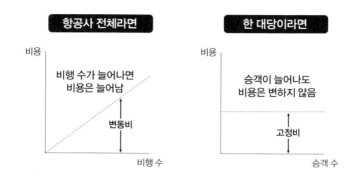

도표 5-1 항공사 전체로는 변동비이지만 한 대당으로는 고정비

| 항공사 전체라면 | 한 대당이라면 |

비용 / 비행 수가 늘어나면 비용은 늘어남 / 변동비 / 비행 수

비용 / 승객이 늘어나도 비용은 변하지 않음 / 고정비 / 승객 수

엔이라는 거액의 비용이 들어간다. 그런데 항공업은 고정비형 산업이 틀림없지만, 비행기 한 대만 놓고 볼 때는 고정비와 변동비의 개념이 조금 다르다. 항공사 전체의 시각으로 보면 여객기의 연료비는 운항 대수가 늘어날 때마다 변동비로 계산된다. 비행을 하지 않으면 비용이 들어가지 않기 때문이다. 그러나 한 대 단위로 생각하면 일정한 정원 안에서는 탑승객이 몇 명이든 비용은 똑같다(도표5-1).

즉, 여객기가 한 대 운항을 하기로 결정하면 연료비 등은 고정비다. 승무원의 급료도 고정비다. 승객이 몇 명 타든 필요한 승무원의 수는 달라지지 않을 것이다(괌에 갈 때 태풍의 영향으로 점보제트기 한 대에 탑승객이 열 명 정도밖에 없었던 적이 있었다. 그때는 조종사와 객실 승무원 등 승무원의 수가 오히려 더 많았다).

승객이 증가하는 데 따른 변동비도 있지만 얼마 되지 않을 것이다. 국내선이라면 음료수 가격이나 모포, 헤드폰 청소비 정도이므로 거의 제로라고 해도 무방하다.

🥧 손익분기점에 도달하면 그 이후는 전부 이득

항공사의 중요한 과제는 손익분기점에 이를 수 있을 만큼 승객을 확보하는 일이다. 그 이하의 승객을 태우고 비행을 하면 적자가 되기 때문이다. 그렇다면 손익분기점에 이르는 고객을 확보하기 위해서는 어떻게 해야 할까? 세 가지 방법을 생각할 수 있다. 첫째는 보통 운임으로 매출액을 안정적으로 확보하는 방법이고, 둘째는 할인 요금으로 인원을 늘려 손익분기점 매출액을 확보하는 방법이다. 셋째는 첫 번째와 두 번째 방법을 모두 사용해 정규 운임의 승객과 할인 운임의 승객을 조합해 손익분기점 매출액을 확보하는 방법이다.

현재 일본의 항공사는 세 번째 방법을 채택하고 있다. 그러나 손익분기점에 도달하기까지는 할인 운임에 중점을 두는 것처럼 보인다. 〈일본항공〉과 〈전일본공수〉 모두 일찍 티켓을 구입할수록 저렴한 운임을 제시하고 있다. 나도 때때로 초저가 티켓을 산다. 그러나 이런 티켓에는 제약이 있다. 취소나 변경이 불가능하다. 그 이유 중 하나는 고객 서비스상의 이유다. 정규 운임을 주고 산 티켓은 변경을 가능하

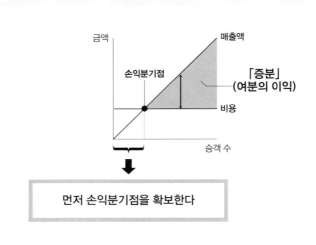

도표 5-2 증분이익

금액

매출액

손익분기점

「증분」
(여분의 이익)

비용

승객 수

먼저 손익분기점을 확보한다

게 해 할인 운임을 낸 승객과 차별화를 꾀한다. 그 밖의 서비스 차이는 없다. 일본에서는 초저가 티켓을 구입해 탔다고 해서 음료수의 종류를 제약하거나 양을 줄이지는 않는다. 그러나 더 중요한 이유는 변경이 불가능한 티켓을 판매함으로써 컵에 일정량의 물을 담는 것과 마찬가지로 다른 회사나 다른 비행기로 변경하지 못하는 승객을 확보해 손익분기점을 맞추려는 목적이 있다(여담이지만, 나는 업무 사정상 초저가 티켓의 탑승편을 변경한 적이 있다. 실제로는 변경이 불가능하기 때문에 취소를 시키고 예약을 새로 한 것인데, 취소 수수료가 티켓 가격의 80퍼센트였다. 결국은 티켓 한 장을 거의 버린 셈이나 마찬가지다).

항공사는 가격이 저렴한 편이 승객을 모으기 쉬우므로 조기할인 티켓이나 단체 승객으로 일정수의 승객을 확보한다. 그러고 나서 그보다는 할인율이 낮은 티켓을 또 정해진 수만큼 발매한다. 그리고 탑승일이 가까워지면 정규요금이나 그에 가까운 티켓을 판매한다. 탑승일이 가까워지면 그것을 꼭 타야 하는 승객은 조금 비싼 가격에도 탑승권을 구입하기 때문이다. 이 방식은 손익분기점을 넘는 시점부터는 1인당 객단가가 증가하기 때문에 이익률이 비약적으로 높아지는 구조다(도표5-2).

"값싼 항공권을 내놓는 이유는 공기를 태우고 가는 것보다는 항공회사에 이익이니까."라는 말을 종종 듣는다. 분명히 고정비와 변동비라는 발상에서는 이 생각이 틀리지 않다. 그러나 실은 이런 이유 때문이라면 늦게 파는 티켓의 가격이 더 내려가야 한다. 매출의 시간축과 손익분기점을 일찌감치 확보한다는 점에서는 조금 더 복잡한 고려가 있는 것 같다.

🥧 '클래스 J'는 전형적인 증분이익

이야기를 계속하자. 탑승구 근처에서 기다리고 있으면 〈일본항공〉에서는 종종 '클래스 J'의 빈자리 안내를 한다. 클래스 J는 1,000엔을 더 내면 보통석보다 조금 넓은 자리를 제공하는 서비스다. 도쿄~

오사카 노선에서는 클래스J의 빈자리를 기다리는 사람도 많아 대부분 자리가 없지만 지방 편은 그렇지 않을 때도 있다. 그럴 때는 "클래스J에 빈자리가 있습니다."라는 안내 방송이 흘러나온다. 항공사로서는 객단가가 그만큼 높아지기 때문에 적극적으로 판매를 한다.

이것은 '증분이익'이다. 사업에서 가장 이익이 나는 부분이다. 고정비는 변하지 않고 변동비도 거의 차이가 없는데 매출만 오르는 부분이기 때문이다. 장사를 잘하는 사람은 이 증분이익이 얼마나 달콤한지 알고 있다.

 COLUMN 〈전일본공수〉와 〈일본항공〉의 '증분이익' 전략

본문에서 설명했듯이 〈일본항공〉의 클래스J는 1,000엔을 추가하면 넓은 자리를 제공하는 방식을 채용하고 있다. 〈전일본공수〉는 약 5~6,000엔을 추가해 '슈퍼시트 프리미엄'을 제공한다. 이쪽은 음식과 주류가 무료다.

개인적인 의견이지만, 전략적으로는 '슈퍼시트 프리미엄'이 클래스J보다 우위성이 강하다고 생각한다. 슈퍼시트는 음식이나 음료수 비용(이것은 변동비다)을 빼더라도 매출총이익을 4,000엔 정도는 확보할 수 있기 때문이다. 이것은 클래스J 4석에 해당한다. 슈퍼시트 이용 고객 한 명이면 클래스J 4인분의 이익을 확보할 수 있는 것이다. 〈일본항공〉이 기존

의 슈퍼시트를 포기하고 클래스J로 변경한 탓에 슈퍼시트 프리미엄 급의 서비스나 좌석을 원하는 '상급 고객'은 〈전일본공수〉로 이동하지 않을까 생각된다. 정식 자료를 가지고 있는 것은 아니지만, 클래스J가 생기기 전까지 조금 빈자리도 있었던 〈전일본공수〉의 슈퍼시트는 클래스J가 등장한 이후 빈자리가 없는 경우가 늘어났다. 〈일본항공〉의 전략 변경이 결과적으로는 〈전일본공수〉에 이득을 가져온 것으로 생각된다. 게다가 슈퍼시트를 이용했다가 〈전일본공수〉의 서비스를 알고 '국제선도 〈전일본공수〉'라고 생각하게 되는 사람이 늘어날지도 모른다. 그렇게 되면 〈일본항공〉의 밥줄인 국제선의 퍼스트클래스와 비즈니스클래스 승객이 전일본공수로 이동하게 된다.

어쨌든 나는 〈일본항공〉의 클래스J 도입은 전략적으로 실패였다고 생각한다. 이 책을 집필하는 시점에 〈일본항공〉은 〈전일본공수〉의 슈퍼시트 프리미엄보다 2배 이상 비싼 '퍼스트클래스'를 도쿄~오사카 등의 국내선에 도입할 예정이라고 알려졌는데, 이 사실을 봐도 〈일본항공〉은 클래스J에 따른 이익에 만족하지 못하고 있음을 알 수 있다. 독자 여러분도 앞으로의 추이를 회계적인 시각으로 관찰해 보기 바란다.

🝊 호텔의 할인 방식은 왜 반대인가?

항공권은 빨리 구입하는 편이 저렴하고 나중으로 갈수록 비싸지는 경향이 있다. 그러나 호텔은 반대의 경우도 적지 않다. 당일에 만약 객실이 비어 있으면 인터넷에서 정규요금의 절반 이하에 잡을 수도 있다.

그 이유로는 경쟁 환경의 차이를 생각해 볼 수 있다. 국내 항공권의 경우는 기본적으로 〈일본항공〉 아니면 〈전일본공수〉 밖에 선택의 여지가 없다. 또 노선에 따라서는 한 회사만 운항을 하는 곳도 있다. 따라서 그 회사를 이용하는 수밖에 없기 때문에 운임이 비싸도 티켓이 팔린다. 여객기 운항은 이론적으로는 앞에서 설명한 것처럼 변동비가 거의 들어가지 않기 때문에 손익분기점만 넘기면 항공사로서는 티켓을 파격적인 가격에 내놓아도 손해는 없다. 다만 비싸게도 팔 수 있는데 굳이 싸게 팔 필요가 없으므로 항공사는 기일이 가까워져도 비싼 요금을 제시한다.

한편 호텔은 사정이 다르다. 특히 도시라면 호텔이 한두 곳밖에 없는 경우는 없다. 경쟁이 치열하며, 또 방이 비어 있는 날은 다른 호텔도 방이 비어 있는 경우도 많기 때문에 당일에는 큰 폭으로 할인을 해서라도 고객을 모아야 한다.

호텔도 변동비는 그다지 들어가지 않는다. 타월이나 칫솔 같은 편의품과 침대 정돈, 청소 등이 변동비인데 고작해야 수천 엔, 낮으면

1,000엔 이하다. 호텔의 고정비는 객실의 건설비 상각이나 호텔 종업원의 경비 등인데, 이것은 물론 숙박객이 있든 없든 똑같다. 그러므로 객실이 비어 있는 상태일 때는 싼 값에라도 내놓는 편이 나은 것이다. 아무리 요금이 저렴하더라도 변동비를 메울 수 있는 수준이라면 문제가 없다. 또 저렴한 가격에 이끌려 호텔을 이용한 손님이 '여기 괜찮은데?'라고 생각한다면 다음에는 요금이 조금 비싸더라도 또 이용해 줄지 모른다. 설령 다음에도 당일 할인 가격으로 묵는다 해도 절대 손해는 아니다.

또한 시내의 고급 호텔 중에도 낮에만 이용하는 '데이 유스(day use)' 상품을 판매하는 곳이 있다. 이것 역시 비교적 저렴한 가격으로, 비어 있는 시간대에 '증분'으로 수익을 올릴 수 있는 좋은 방법이다.

🥧 한 운송사가 증분이익을 창출한 방법

증분 이야기를 좀 더 계속해보자. 어느 운송회사는 이 증분이익을 확보하는 좋은 방법을 생각해냈다. 커다란 화물이나 대형 화물을 운반하는 고객은 '전속' 트럭을 이용하는 일이 많다. 전속 트럭은 고객회사에 트럭 한 대를 빌려주고 지정된 시간에 지정된 장소로 물건을 배달하는 서비스다. 그런데 이 운송회사는 전속 트럭을 신청하는 고객에게 "운임을 10퍼센트 깎아 주겠다."라고 제의하면서 조건을 걸었다. "만약 트럭에 빈 공간이 있다면 다른 회사의 화물을 실을 수 있도록 허락해 달라."는 것이다. 물론 전속 트럭을 신청한 고객에게는 반드시 지정된 시간에 지정된 장소로 화물을 운송해 주겠다고 약속한다. 고객으로서는 원하는 서비스를 받을 수 있는데다가 요금도 10퍼센트 저렴하므로 어지간한 경우가 아니면 반대하지 않는다.

사실 전속 트럭에는 빈 공간이 꽤 있을 때가 많다. 그러므로 운송사로서는 다른 회사의 화물을 항상 함께 실을 수 있기 때문에 전속 고객 이외의 화물은 '증분'이 된다.

해당 운송사는 이 서비스로 몇 십 퍼센트에 이르는 증분이익을 확보했다고 한다.

🌒 이동통신사의 가족무료통화 요금도 증분이익

이동통신업체 〈소프트뱅크〉에는 일정 금액의 기본 요금으로 가족끼리 무료 통화가 가능한 요금 제도가 있다. 지금까지 '비싼' 통화료에 익숙해 있던 고객에게는 큰 폭의 할인으로 비친다.

그러나 이것도 고정비와 변동비를 생각하면 절대 통신사가 손해보지 않는 합리적인 요금 제도임을 깨닫게 된다. 통신업계는 거액의 설비투자가 필요한 장치 산업, 즉 고정비형 산업의 대명사다. 거액의 투자 상각비가 전부 고정비로 들어간다. 반대로 변동비는 거의 들어가지 않는다. 계약 대수가 한 대 늘었다고 해서 설비 변경이 필요하지는 않다. 고작해야 등록 처리비용 정도다. 게다가 등록 후에 계약자가 사용하는 통화나 문자 서비스는 회선만 확보되어 있으면 이 역시 변동비가 거의 들어가지 않음은 쉽게 상상할 수 있다.

기존의 핸드폰 수익 구조는 기본적으로 이 설비투자 등의 고정비를 통화나 문자 서비스의 이용에 따른 요금으로 메운다는 사고방식이었다. 휴대폰 사업에는 천억 엔 단위의 설비투자가 필요하기 때문에 통화료가 비교적 비싼 상태가 계속되었다. 한편 이것을 통화료 이외의 수익으로 메우는 방법도 있다. 그것이 기본요금이다. 이렇게 말하면 독자 여러분 중에는 "기본요금도 점점 내려가고 있는데?"라고 말하는 사람도 있을 것이다. 분명히 맞는 말이다. 기본요금은 전보다 크게 내려갔다. 그것도 장기 계약을 하면 큰 폭으로 할인을 받을 수 있다. 이는 이동통신 업계 사이의 치열한 경쟁이 계속되고 있기 때문이다.

그러나 기본요금이 저렴해져도 그 수가 모이면 엄청난 액수가 된다. 때문에 가족끼리, 또는 특정 사람끼리의 통화료를 정액으로 하거나 크게 할인해 줌으로써 가입자를 늘려 기본요금으로 매출의 대부분을 벌어들이는 방식은 어떤 의미에서 이치에 맞는 방법이다. 통화료는 사용량에 따라 매달 크게 변동될 수 있지만 기본요금은 매달 똑같은 금액이므로 안정된 수익이 되기 때문이다. 물론 일단 손익분기점에 도달한 뒤에는 기본요금으로 얻은 매출액이나 통화료로 얻은 매출액이나 똑같으므로 통신회사로서는 어느 쪽에서 매출액을 획득하든 상관이 없다. 오히려 안정적으로 수익을 올릴 수 있는 쪽이 바람직하다.

가장 많은 가입자를 보유하고 있던 〈NTT 도코모〉는 기본요금과 통화료 모두 비교적 높은 상태로 유지하면서 커다란 수익을 올려 왔다. 그러나 〈소프트뱅크〉가 〈보다폰〉(유럽을 중심으로 한 이동통신 업체)의 일본 사업을 인수해 현재 대공세를 펼치고 있다. 신규 가입자 획득에서는 '화이트 플랜(〈소프트뱅크〉의 핸드폰 요금제도. 기본요금이 980엔이며, 01시부터 21시까지는 소프트뱅크 핸드폰끼리의 통화가 무료다-옮긴이)' 등의 매력적인 요금 제도를 도입한 〈소프트뱅크〉가 우위에 서 있다. 기존의 강자 〈NTT 도코모〉나 3위 기업 〈au〉는 격렬한 휴대폰 요금 경쟁으로 인해 수익의 둔화가 예상된다.

설비투자가 필요한 고정비형 산업에서는 손익분기점에 얼마나 빨리 도달하느냐, 그리고 일단 획득한 매출액을 얼마나 지속시키느냐가 중요하다. 여기에 변동비가 들어가지 않는 증분으로 커다란 이익을 확보해 나가는 사업 구조가 필요하다.

여담이지만, 외국에서는 일본으로 거는 국제통화 요금이 매우 저렴한 선불카드를 편의점 등에서 판매하는 경우가 있다. 오스트레일리아에는 일본에 1시간 정도 전화를 걸어도 500엔도 하지 않는 카드가 있다. 통신회사가 일정 회선을 미리 확보한 것으로, 이용자가 이용을 하든 말든 똑같은 비용이 나가는 까닭이다. 즉 회선수가 고정비로 들어가므로 되도록 많이 이용하도록 유도하는 편이 이익이다.

🫖 〈일본항공〉과 〈전일본공수〉가 2010년 이후 힘들어지는 이유

　　　　　2010년 이후 일본의 항공업계가 더욱 치열한 경쟁을 하게 될 것이라고 예상하는 사람들이 있다. 그 이유는 두 가지다. 첫째는 하네다 공항에 네 번째 활주로가 생긴다는 점, 둘째는 나리타 공항의 제2활주로 연장 공사가 끝남에 따라 지금까지 비교적 소형 여객기만 이착륙이 가능했던 제2활주로에서 대형 항공기의 이착륙도 가능해진다는 점이다.

　하네다 공항은 현재 이용 항공기의 수가 포화 상태다. 아침에는 이륙편이 몰려 이륙까지 20분 이상 기다려야 하는 일도 다반사다. 잘 관찰해 보면 이륙을 기다리는 제트기 10여 대가 활주로 유도선에서 '정체'를 빚고 있는 모습을 볼 수 있다(꽤 장관이다). 저녁 이후에는 착륙편이 상공에서 선회하며 대기하는 일도 종종 발생한다. 그런데 제4활주로가 완성되면 수용 가능한 여객기의 수가 대폭 늘어날 예정이다. 이때는 초저가 항공권을 판매하는 신흥 항공사도 증편을 할 것으로 생각된다. 사정은 나리타도 마찬가지다. 그렇게 되면 〈일본항공〉과 〈전일본공수〉는 더욱 가격을 인하해야 할지도 모른다. 그들의 처지에서 보면 사실 하네다나 나리타의 포화 상태가 '진입 장벽'이 되어 준 측면이 있었다.

　물론 〈일본항공〉이나 〈전일본공수〉도 손가락만 빨며 지켜보는 것은 아니다. 기체가 가벼워져 연비가 대폭 향상되고 장거리 비행도 가능한

〈일본항공〉·〈전일본공수〉의 손익 추이

일본항공
(단위 : 백만 엔)

	2004년 3월기	2005년 3월기	2006년 3월기	2007년 3월기
매출액	1,931,742	2,129,876	2,199,385	2,301,915
영업이익	-67,645	56,149	-26,834	22,917
순이익	-88,619	30,096	-47,243	-16,267

전일본공수
(단위 : 백만 엔)

	2004년 3월기	2005년 3월기	2006년 3월기	2007년 3월기
매출액	1,217,596	1,292,813	1,368,792	1,489,658
영업이익	34,354	77,774	88,802	92,190
순이익	24,756	26,970	26,722	32,658

신형 중형기인 보잉787의 도입을 일찌감치 결정한 곳이 일본의 항공
사들이다. 게다가 〈전일본공수〉는 보유하고 있는 호텔을 전부 매각해
자금원인 항공 사업에 집중시키려 하고 있다.

그러나 지금까지 비싼 요금을 통한 경영에 익숙하던 그들이 얼마나
잘해 나갈 수 있을지는 알 수 없다. 특히 경영 위기에 빠진 〈일본항공〉
의 거취가 주목된다.

🌑 고속열차 신칸센은 왜 요금 할인을 하지 않을까?

　　회계적으로는 신칸센 역시 초저가 티켓이 있어도 이상하지 않다. 철도업도 고정비형 산업이며, 열차를 한 번 운행하는 비용은 항공기와 마찬가지로 승객이 탑승 정원의 범위 안에서 타는 한 거의 변동비가 들어가지 않는다. 철도 산업의 대표적인 변동비인 전기 요금은 열차 한 대를 기준으로 봤을 때 고정비다. 그런데도 왜 신칸센에는 항공기처럼 '예매 할인', '특별 할인' 같은 초저가 티켓이 없는 것일까?

　가장 큰 원인은 '**경쟁**'에 있다. 〈일본항공〉이나 〈전일본공수〉는 2개 회사밖에 없지만 어쨌든 경쟁을 하고 있다. 지금도 구마모토에서 도쿄 하네다로 향하는 〈일본항공〉 여객기 안에서 이 원고를 쓰고 있는데, 이 항공기가 이륙하기 10분 전에 하네다행 〈전일본공수〉 여객기가 구마모토 공항을 이륙했다. 그러나 철도회사 〈JR〉에는 직접적인 라이벌이 없다. 물론 몇몇 노선에서는 항공기와 경쟁을 한다. 도쿄~오사카는 그렇다. 그렇지만 특히 도쿄~나고야에는 정기 항공 노선이 없다. 그러므로 〈JR〉은 군이 할인을 하지 않아도 '독점' 이점을 활용해 요금을 유지할 수 있다.

　나는 〈JR〉이 지나치게 이익이 많다고 생각한다. 그들은 독점기업에 인허가 사업이기 때문에 '비용+알파'로 요금을 설정할 수 있다. 〈JR〉의 주요 노선을 운영하는 〈JR동일본〉과 〈JR도카이〉, 〈JR서일본〉 등 3개 회사의 이익은 천억 엔 단위다(다른 JR 자회사들은 낮은 이익으로 신음하고 있지만……). 이 3개 회사는 국철 시대의 대적자에 비하면 경영이 크게 개선되었다. 그러나 독점으로 이만큼 많은 승객을 태운다면 이익은 당연히 날 수밖에 없다. 그리고 이익을 지나치게 많이 낸다는 느낌도 든다. 좋은 의미든 나쁜 의미든 라이벌 의식이 강한 〈JR〉 3사가 경쟁적으로 이익을 내는 것으로도 보인다.

게다가 이만큼 많은 이익을 내고 있다면 안전을 충분히 고려해, 후쿠치야마선의 탈선 사고(2005년 4월 25일, JR서일본의 후쿠치야마선 쾌속 전차가 탈선해 아파트와 충돌한 사건. 사망자 107명, 부상자 562명에 이르는 대형 사고였다-옮긴이)와 같은 비참한 사고를 방지하기 위해 돈을 써야 한다. 그래도 이익이 남는다면 운임을 내리는 것이 옳다고 생각한다(다만 이익을 억제하라고 말하면 공무원 기질이 여전한 〈JR〉의 임직원들은 자신들의 급료를 올려 이익을 억제할지도 모른다. 이에 대해서는 급료와 대우를 공무원 수준으로 한다는 규제를 가할 필요도 있을 것이다).

어쨌든 경쟁이 충분하지 않은 상황에서는 적정한 가격 결정이나 합리적인 경영 자체가 불가능한 경우도 있다는 것을 인식해 둘 필요가 있다.

🌏 항공기의 좌석 간격이 신칸센보다 좁은 이유도 경쟁 때문이다

　　　　여객기, 특히 이코노믹 클래스의 좌석 간격이 좁은 것에 불만을 느끼는 사람도 많을 것이다. 덩치가 있는 사람은 앞좌석에 무릎이 닿아 움직이기도 불편하다. 그에 비해 신칸센의 앞좌석과 뒷좌석의 거리는 조금 더 넉넉하다. 물론 여객기도 슈퍼시트나 비즈니스 클래스는 상당히 여유가 있지만, 그만큼 요금도 비싸게 설정되어 있다.

　이것도 경쟁 때문이다. 물론 〈JR〉에도 경쟁이 있지만, 항공기 업계가 직면하고 있는 경쟁과는 비교할 바가 못 된다. 경쟁이 없고 인허가 사업인 상황에서는 앞에서 말했듯이 '비용＋알파'로 요금이 책정된다. 또 비용 설정도, 한 량에 좌석을 몇 석이나 설치할 것인가도 어느 정도 〈JR〉의 재량 범위 안에 있다.

　한편 경쟁이 치열한 업계에서는 가격 경쟁도 치열해진다. 그럴 때 효율을 높이려면 한 대당 승객수를 최대한 늘려야 한다. 그래서 좌석의 앞뒤 간격이 좁아지는 것이다.

　일반적으로 고객은 '품질, 가격, 서비스'라는 세 가지 요소를 비교해 어느 회사의 어떤 상품을 고를지 결정한다고 한다. 경쟁이 치열한 업계에서는 아무래도 품질과 서비스는 더욱 높아지고 가격은 더 낮아지게 된다. 그럴 경우에는 비용 경쟁력이 중요해진다. 비용을 낮추지 못하면 품질과 서비스를 동일 요금에서 더욱 높이거나 전과 같은 품질과 서비스를 더욱 저렴한 요금에 제공해야 하기 때문이다. 그런 상황 속에서 아직 고비용 체질을 탈피하지 못한 일본의 항공사는 앞으로 더 큰 시련의 시기가 찾아올지도 모른다.

그리고 〈JR〉의 경우, 안전성을 확보한 다음에는 〈JR〉 자회사끼리의 이익 경쟁을 멈추고 '적정한' 이익과 '가격', '비용 구조'를 만들어내는 제어 장치가 필요하다.

제6장

LCD TV의 가격은
왜 계속 떨어질까?

......

직접원가계산

이 장에서는 LCD TV의 가격을 주제로, 재무회계에서 사용하는 손익계산서의 문제점과 이를 해결하기 위한 '직접원가계산'에 대해 설명하고자 한다. 또 직접원가계산의 개념을 이용해 '택시 기사들은 갈수록 힘들어지는데 왜 택시 수는 늘어나는 것일까?'에 대해서도 설명할 것이다.

🍂 LCD TV 가격이 계속 하락하는 이유

가전제품 판매점에 가면 LCD TV와 PDP TV가 잔뜩 진열되어 있다. 최근 텔레비전의 가격은 점점 하락해 예전의 절반 이하까지 떨어졌다. LCD TV의 가격이 계속 떨어지는 데는 **고정비**와의 관계가 큰 영향을 끼치고 있다. **거액의 설비투자와 경쟁** 때문이다.

설비투자부터 이야기를 진행하도록 하자. 세계의 가전제품 기업은 속속 신형 LCD TV를 발표하고 있는데, 액정을 생산하는 〈샤프〉나 〈소니〉, 〈삼성〉, 〈LG 필립스〉 등은 그 때문에 최신 공장을 계속 건설하고 있다. 액정을 만드는 공장의 설비투자액은 수천억 엔 규모다. 예를 들어 〈샤프〉는 오사카부 사카이시에 '제10세대'라고 부르는 가로·세로 약 3미터의 유리 기판을 가공하는 공장을 건설 중인데, 여기에는 몇 년에 걸쳐 4,000억 엔에 가까운 투자가 필요하다고 한다. 이곳에서는 한 달에 유리 기판을 6만 장 생산할 수 있다(참고로 기판 1장에서 65인치 LCD 패널을 6장, 57인치를 8장, 42인치를 15장, 만들 수 있다고 한다).

이러한 설비투자는 당연하지만 제품 가격에 전가된다. 이 때 생산 수량이 가격에 큰 영향을 끼친다. 예를 들어 4,000억 엔을 들여 공장을 건설했을 때 그 총생산량이 액정 패널 1,000만 장이라고 가정하면 LCD 패널 1장당 설비투자의 상각부담액은 4만 엔이 된다. 그런데 만약 같은 공장에서 4,000만 장을 제조한다면 1장당 상각액은 4분의 1인 1만 장이 된다(도표6-1).

생산 수량과 1장당 비용의 관계

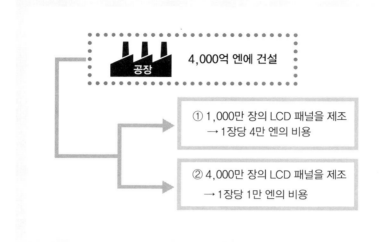

그러나 LCD TV 업계는 지금 치열한 경쟁을 벌이고 있다. 그럴 때는 당연히 1대당 가격이 저렴한 편이 경쟁상 유리한데, 설비투자를 하는 기업으로서는 많이 만드는 편이 비용이 저렴해진다. 반대로 말하면 업체는 비용 경쟁력을 전제로 총생산량의 계획을 사전에 세우고 설비투자와 생산을 시작하게 된다. 그리고 전 세계의 LCD 패널 제조업체가 똑같은 생각으로 생산을 한다면, 당연하지만 생산 과잉이 공급 과잉을 일으켜 가격이 더욱 하락한다.

이것이 이른바 '합성의 오류'다. 각각의 기업은 합리적으로 행동하지만 이를 전체적으로 보면 그 각각의 행동이 최적의 결과를 낳지는 않는다. 각 기업은 가격 경쟁력을 얻기 위해 비용을 절감해야 하며, 이를 위해서는 가능한 한 제품을 대량으로 생산하는 편이 상각 부담의 관계상 비용, 나아가서는 제품 가격을 낮출 수 있다. 그러나 전 세계의 제조업체가 같은 생각으로 생산 규모를 확대하면 그것이 공급 과잉을 불러와 경쟁 악화로 가격이 더욱 하락하며, 그 가격 하락에 대응하기 위해 더욱 생산을 확대함으로써 비용을 절감하려는 악순환의 고리가 생긴다.

이것이 국내만의 문제였다면 예전에는 '통산성'이 개입해 생산 조정을 했겠지만, 다른 나라의 기업에 일본의 정부기관이 개입을 했다가는 WTO로부터 철퇴를 맞을 가능성이 있다. 각 회사가 비밀 협정을 맺었다는 소문도 있었지만, 현재의 시장 상황을 보면 사실이 아닌 듯하다.

생산 조정이 원만하게 되지 않는 이상 각 회사는 앞으로도 거액의 설비투자를 실시해 최신예 공장을 가동함으로써 생산성을 향상시켜 더 많은 제품을 만드는 데 주력할 것이다. 즉 설비투자가 늘어나면서 생산 수량도 늘어나는 것이다. 이런 상황이 계속되는 한 LCD TV의 가격은 계속 하락할 가능성이 있다.

🐾 과거의 결정으로 미래의 비용이 정해진다

일단 투자한 설비투자의 경우, 공장이나 기계 등 내용연수에 한계가 있는 것에 대해서는 그 가치를 매년 감액시켜 나가야 한다. 이것을 **'감가상각비'**라고 한다(때때로 '원가' 상각비라고 쓰는 사람이 있으나 주의하자. '감가(減價)'를 해서 '상각(償却)'하는 것이다).

감가상각비는 설비투자 등으로 장기간에 걸쳐 사용할 예정인 자산의 가치를 사용 연수에 따라 비용화하는 것이라고 이미 설명한 바 있다. 이 감가상각비는 고정비다. 생산 수량과 관계없이 매년 정해진 비용이 발생하기 때문이다. 여담이지만, 이 감가상각비와 같이 과거의 의사 결정으로 그 후의 비용이 결정되는 것을 **'코미티드 코스트**(Committed cost)'라고 한다(코미트commit는 '약속하다'라는 뜻이다). 코미티드 코스트는 일단 투자를 하면 그 후에는 일정기간 동안 반드시 발생하는 비용으로 관리회계에서는 중요한 개념 중 하나다.

현재의 제조업 경영에서는 설비투자가 거대화될 때가 많아 상각에서의 코미티드 코스트가 증대하고 있다. 일단 투자를 해서 그것이 성공하면 좋지만, 실패했을 때는 상당 기간 그 부담이 남게 된다. 또 성공했을 경우에도 전체 비용에서 코미티드 코스트가 차지하는 비중이 높으며, 이는 설비가 가동을 시작한 이후의 비용 절감에 한계가 있음을 의미한다.

🌓 일단 끝나면 내 마음대로 하는 상각의 마술

고정비의 상각이라는 개념 자체에도 LCD TV의 가격이 하락하는 요인이 숨어 있다.

앞에서 든 LCD 패널의 예에서는 설비투자액이 4,000억 엔이고 1장 당 상각 부담이 1만 엔이라고 가정했다. 이 경우에 4,000만 장을 다 생산한 뒤에도 아직 생산이 가능하다면 4,000만 1장 째의 상각 부담은 얼마가 될까? 이론적으로는 '제로'가 된다. 물론 제조에는 상각비 이외에도 고정비가 들어가며 그 밖에 변동비도 들어가므로 그 비용은 필요하지만, 투자의 상각이 끝난 이후의 생산에 관해서는 이익을 떨어트리지 않고도 전보다 싸게 팔 수 있다. 즉 가격 경쟁력을 높일 수 있으며, 만약 가격을 낮출 필요가 없다면 이익률이 큰 폭으로 상승하게 된다(도표6-2).

그래서 각 기업은 설비투자의 상각 부담이 끝날 때까지의 수량을 되도록 빨리 팔고 싶어 한다. 물론 위의 예에서 1장당 상각 부담액을 1만 엔보다 낮추면 상각에 필요한 수량도 늘어나므로 상각이 끝날 때까지는 처음에 상정한 1장당 상각액을 바꾸고 싶어 하지 않는다. 그러나 상각이 끝난 후에 이익률이 급속도로 증가함을 생각하면 판매 가격을 조금 낮춰서라도 빨리 상각을 끝내고 그 후의 이익을 확보하는 편이 이득이라고 생각할 수도 있다.

다른 회사와 큰 차이가 있는 자사만의 독자적인 제품이라면 가격이

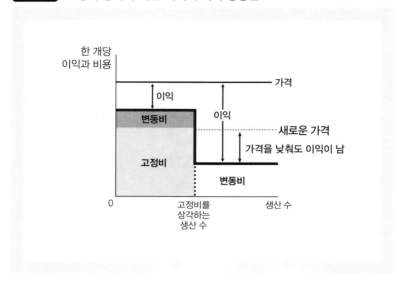

도표 6-2 고정비 상각 후에는 이익이 대폭 상승함

조금 비싸도 팔리기 때문에 비싼 가격을 설정해 일찌감치 상각액 부담을 없애는 가격 전략도 가능하지만, 경쟁 제품의 경우에는 가격을 억제해 필요 수량을 빨리 생산함으로써 일찍 상각을 끝내는 전략이 유리할 때도 많다.

🌑 덤핑 문제도 고정비의 상각 때문

　　예전에 일본의 철강 제품이 미국에서 덤핑 제소를 당한 적이 있었다. 이것도 지금 설명한 고정비의 상각과 관계가 있다. 일본 국내에서 판매되는 철강 제품으로 고정비를 전부 처리한 뒤에는 변동비에 이익을 더한 가격으로 수출해도 채산이 맞기 때문이다. 즉, 미국에는 고정비 부담이 없거나 적은 제품을 수출해 가격 경쟁력을 높여 미국에서의 매출을 확대하려는 전략이 가능하다. 고정비 분은 다른 제품으로 처리가 되었으므로 미국에서 싸게 팔아도 이익은 확보할 수 있다. 손해를 보면서 팔지는 않는 것이다. 많이 팔수록 이익이 생기므로 계속 수출을 하는데, 미국 기업으로서는 가만히 지켜만 볼 수는 없기 때문에 덤핑 제소를 하게 된다. 이에 대해 일본 기업은 고정비를 다른 제품으로 이미 메웠으므로 "원가 이하로 파는 것이 아니기 때문에 덤핑이 아니다."라고 항변했지만, 미국 측은 모든 제품에 고정비를 골고루 부담시키는 것이 공평하다고 주장했다.

　　내가 미국에서 유학 생활을 하던 20여 년 전에는 뉴욕의 상점에 진열되어 있는 일본제 카메라의 가격이 일본보다 훨씬 저렴했던 기억이 나는데, 이것도 수출 카메라에는 고정비를 부담시키지 않았기 때문일 것이다. 일본에서 판매되는 카메라로 고정비를 해결하면 그 다음에는 변동비만 부담하고 고정비만큼의 가격을 인하해도 국내와 같은 한 대당 이익을 확보할 수 있다. 일본에서가 아니라면 싸게 팔아도 그 가격이 일본의 판매 가격에 영향을 주지 않는다. 카메라는 철강과 달라서 미국 국내에서 거의 제조가 되지 않는 제품이었고, 값이 저렴할수록 미국 국민들에게 이득이기 때문에 덤핑 제소를 당하지 않았던 것으로 보인다.

이 고정비 처리가 나중에 덤핑처럼 국가와 국가의 문제로까지 발전하는데, 기업 회계에도 적지 않은 영향을 끼칠 때가 있다. 이 점을 제2장에서 설명한 손익계산서와 연관하여 설명해 나가도록 하겠다.

🥧 재고를 늘리면 이익이 증가하는 전부원가계산

제2장의 복습이 되겠지만, 재무회계상 일반에 공개되어 있는 손익계산서는 '매출액'에서 '매출원가', '판매비와 일반관리비', '영업외손익', '특별손익' 등을 순서대로 공제해 최종적으로 '당기순이익'을 산출한다.

이 손익계산서를 작성하는 법의 기본이 되는 것이 전문적인 용어로 **'전부원가계산'**이라고 부르는 개념이다. 재무회계에서는 전부원가계산을 사용해 손익계산서를 개시하도록 요구되고 있다. 그런데 이 전부원가계산에는 커다란 결점이 있다. 그 결점은 이 장에서 지금까지 설명한 고정비와 큰 관계가 있다. 전부원가계산을 사용한 손익계산서에서는 많이 만들어 재고를 늘리는 편이 이익액을 증가시킨다.

도표 6-3 제품단가와 생산량

| 제품 a | 변동비 (1개당) | 5,000엔 |
| | 고정비 (연간) | 1억 엔 |

	1만 개 생산	10만 개 생산
1개당 비용 (이중 고정비 분)	15,000엔 (10,000엔)	6,000엔 (1,000엔)

그 원리는 이렇다. 회사 A는 제조 현장에서 고정비가 1억 엔 들어간다고 가정하자. 이 때 제품 한 개당 변동비는 5,000엔이라고 가정한다. 만약 회사 A가 제품 1만 개를 1년에 제조했다면 제품 한 개당 원가는 얼마가 될까? 변동비 5,000엔에 고정비 분 1만 엔(1억 엔÷1만 개)을 더한 1만 5,000엔이다. 그렇다면 A사가 같은 제품을 1년에 10만 개 만든다면 어떻게 될까? 한 개당 제조원가는 6,000엔이 된다. 변동비 5,000엔은 변하지 않지만 고정비 분이 10분의 1인 1,000엔(1억 엔÷10만 개)이 되기 때문이다(도표6-3). 만약 이 제품의 판매 가격이 2만 엔이라면 1만 개를 만들었을 때와 10만 개를 만들었을 때 중 어느 쪽이 이익일까?

사실 이것은 언뜻 간단해 보이지만 조금 어려운 문제다. 표면적으로는 10만 개를 만들었을 때의 원가가 6,000엔이므로 한 개당 1만 4,000

앞의 예에서

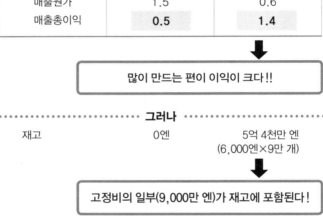

	1만 개 생산	10만 개 생산
매출액	2억 엔	2억 엔
매출원가	1.5	0.6
매출총이익	**0.5**	**1.4**

⬇

많이 만드는 편이 이익이 크다!!

···················· 그러나 ····················

재고   0엔   5억 4천만 엔
                            (6,000엔×9만 개)

⬇

고정비의 일부(9,000만 엔)가 재고에 포함된다!

엔의 이익이 들어오게 된다. 1만 개를 만들었을 때는 한 개당 이익이 5,000엔밖에 되지 않는다. 같은 개수를 판다면 10만 개를 만들었을 때가 '표면적으로는' 이익이 큰 것처럼 생각된다. 가령 판매량이 1만 개일 때, 10만 개를 만들었을 경우에는 1억 4,000만 엔의 이익을 얻을 수 있지만 1만 개밖에 만들지 않았을 경우에는 이익이 5,000만 엔으로 줄어든다.

그러나 잘 생각해 보자. 판매 가격은 똑같은 2만 엔이므로 '수요와 공급'의 관계에 따라 판매 수량은 변하지 않을 것이다. 그리고 10만 개를 만들어 전부 팔 수 있으면 좋겠지만, 어쩌면 엄청난 재고를 끌어안고 있을지도 모른다. 그래도 전부원가계산을 사용한 기존의 손익계산서에서는 '표면적으로는' 10만 개를 만드는 편이 이익이 많게 나온다(도표6-4).

그 이유는 무엇일까? 앞에서 손익계산서를 설명할 때 반복해서 설명했던 내용을 떠올리기 바란다. **'제조원가' 중에서 '팔린 것'만이 '매출원가'가 된다**고 말했다. 나머지는 '재고자산', 즉 재고가 되어 대차대조표의 자산으로 계상된다. 즉 많이 만들어도 재고가 늘어날 뿐이다. 재고분의 비용은 손익계산서에 계상되지 않고 자산으로서 대차대조표에 보류되는 것이다. 앞의 예에서 1만 개를 팔았을 경우, 10만 개를 만들었다면 재고가 5억 4,000만 엔(6,000엔×9만 개)이나 되지만 1만 개밖에 만들지 않았다면 재고는 없다.

재고가 늘어날 것을 각오하고 대량으로 만들수록 앞에서 설명한 것처럼 한 개당 제조원가와 매출원가는 내려가므로, 재고는 늘어날지언정 손익계산서상의 이익은 표면적으로 '증가하게' 된다.

🥧 전부원가계산의 결점을 극복한 직접원가계산

이와 같은 전부원가계산의 구조를 이해하면 단기적으로 자신의 제조 부문의 실적을 높이고 싶은 공장장이나 회사의 이익을 높이고 싶은 경영자는 이 구조를 '악용'할 수도 있다.

그래서 이 전부원가계산의 결점을 극복한 것이 **직접원가계산**'이라는 개념이다. 외부에 개시하는 것이 목적인 재무회계상의 개념이 아니라 기업 내부에서 성과를 파악하기 위해 개발된 **관리회계**'상의 개념이다(인간은 참으로 대단하다. 어떤 체계에 결점이 있으면 그것을 극복하는 체계를 생각해낸다).

이 직접원가계산을 사용한 손익계산서는 전부원가계산의 손익계산서와 조금 다르다. 먼저 매출액에서 제하는 것이 '변동비'뿐이다. 제조업이라면 원재료비 등이 변동비다. 매출액에서 변동비를 뺀 것을 '한계이익' 또는 '공헌이익'이라고 한다. 다음에는 그 한계이익에서 이번에는 '고정비'를 전부 뺀다. 그리고 최종적으로 이익을 계산한다. 고정비가 재고에 자산으로 계상되지 않는 것이다(도표6-5).

직접원가계산은 생산량의 변화에 관계없이 손익을 정확히 파악할 수 있다. 앞에서 봤듯이 '전부원가계산'을 사용한 손익계산서는 고정비를 제품에 배분하기 때문에 생산량에 따라 손익이 크게 바뀌었다. 직접원가계산에서는 고정비를 전부 기간의 비용으로 제하기 때문에 생산량에 관계없이 손익 계산을 할 수 있다는 커다란 이점이 있다.

그렇다면 앞의 예에서 직접원가계산을 사용하면 어떻게 될까? 매출

직접원가계산

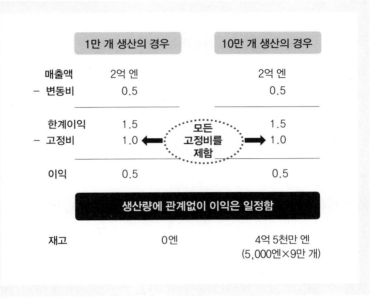

	1만 개 생산의 경우	10만 개 생산의 경우
매출액	2억 엔	2억 엔
− 변동비	0.5	0.5
한계이익	1.5	1.5
− 고정비	1.0	1.0
이익	0.5	0.5

모든 고정비를 제함

생산량에 관계없이 이익은 일정함

재고	0엔	4억 5천만 엔 (5,000엔×9만 개)

액이 똑같다면, 가령 판매 가격 2만 엔에 1만 개가 팔렸다면 직접원가계산의 이익은 어떻게 될까? 먼저 1만 개를 만들었을 때나 10만 개를 만들었을 때나 변동비는 똑같이 5,000엔이므로, 매출액(2억 엔)에서 변동비(5,000만 엔)를 뺀 '한계 이익'은 양쪽 모두 1억 5,000만 엔이 된다. 그리고 여기서 고정비(1억 엔)를 빼면 이익은 5,000만 엔이다. 몇 개를 만들었느냐는 영향을 주지 않는다. 이처럼 직접원가계산을 사용하면 생산량에 상관없이 이익을 파악할 수 있음을 알 수 있을 것이다(10만 개를 만들었을 때의 재고 평가는 5,000엔×9만 개=4억 5,000만 엔이 된다).

🥧 그래도 전부원가계산을 채용하는 이유

그렇다면 외부에 개시하는 것이 목적인 재무회계에서 전부원가계산을 사용하는 이유는 무엇일까? 재고가 늘어날 것을 각오하고 제조 개수를 늘리면 표면적인 이익이 생긴다는 결점이 있음에도, 왜 재무회계에서는 전부원가계산을 사용하는 것일까?

사실 재무회계에는 매출액의 계상과 비용의 계상을 가능한 일치시킨다는 기본적인 사고방식이 있다. 팔리지 않았는데 비용만을 계상하면 마이너스만이 크게 드러난다. 한편 앞서서 비용으로 계상되었던 상품이나 제품이 나중에 팔리면 이번에는 이익이 크게 늘어나는 문제가 생긴다. 그래서 재무회계에서는 제조와 관계가 있는 모든 비용을 매출액을 계상할 수 있는 범위와 일치시키자는 생각이 기본에 깔려 있다. 따라서 물건을 만들거나 구입했을 때 그것을 일단 전부 '재고자산(재고)'으로 계상하고, 그것이 팔린 시점에 비용화한다는 것이 전부원가계산의 기본적인 생각이다.

그러나 이 생각으로는 고정비가 일단 자산으로 계상되기 때문에 재고 증가를 각오하고 많이 만들어낼수록 '표면적인' 이익이 늘어나는 결점이 발생한다. 재무회계는 그 결점을 알고 있으면서도 매출액과 비용을 시간적으로 일치시키는 데 따른 이점을 우선하는 것이다.

다만 기업 내부에서 기업의 성과, 특히 제조에 대한 성과 등을 정확히 파악하려면 '직접원가계산'의 개념을 도입할 필요가 있다. 많은 제조업 기업에서는 재무회계의 손익계산서를 만들 때 부문별이나 공장별 성과를 파악하기 위해 직접원가계산을 사용하고 있다. 이것은 특정 부문의 성과가 높아 보이도록 생산량을 높였으나 재고가 쌓이는 현상을 방지하기 위함이다.

 스루풋 회계

　　직접원가계산과 비슷한 개념으로 '스루풋 회계' 라는 것이 있다. 변동비 중에서도 '자재비' 만 매출액에서 뺀 것을 '스루풋' 이라고 정의하고 다른 비용은 전부 기간비용으로 제하는 것이다. 직접원가계산의 '고정비' 뿐만 아니라 인건비 등도 간접비용으로(일단 재고자산에 넣지 않고) 제하자는 생각이다. 고정비적인 비용을 직접원가계산보다 크게 잡기 때문에 조업도에 따른 손익의 영향이 더 작아진다. 그 밖에도 스루풋 회계에는 '병목' 을 발견해 그것을 최대한 활용하려는 '드럼-버퍼-로프' 등의 흥미로운 개념도 있다.

　　스테디셀러 《더 골》은 이 스루풋 회계를 바탕으로 쓴 책이다.

직접원가계산의 단점

　　나는 학생들에게 시험 문제로 '직접원가계산의 단점을 쓰시오.'라는 문제를 종종 낸다. 직접원가계산은 앞에서 설명했듯이 조업도와 상관없이 성과를 파악하는 데는 적합하지만 단점도 있다.

　먼저, 직접원가계산은 매출액에서 변동비를 빼 한계이익을 계산하고 여기서 다시 고정비를 빼 이익을 계산하는데, 실무적으로는 고정비와 변동비를 나누기가 좀처럼 쉽지 않다. 예를 들어 전기료나 가스비는 조업도에 따른 변동비로 생각할 수 있지만, 사실은 이런 비용은 '기본요금+사용량에 따른 사용요금'으로 설정되어 있다. 공장 안에서 사용하는 지게차의 감가상각비는 고정비이지만 지게차에 사용하는 연료는 변동비다. 그런데 이 지게차가 만약 전기로 움직인다면 어디까지를 변동비로 보고 또 어디까지를 고정비로 봐야 할지 구분하기가 힘들다(사용한 전기량을 파악하기도 어렵다).

　공장 현장에서 직접 제조에 관여하는 사람의 인건비도 정사원과 파견 사원, 라인 도급회사의 사원 등 고용 형태에 따라 어디까지를 고정비로 잡고 얼마만큼을 변동비로 삼을지 결정하기가 매우 어려울 때가 있다. 감독자가 관리만을 한다면 고정비로 볼 수 있지만, 잔업을 하며 라인에서 제조를 도왔을 때의 잔업 수당은 엄밀히 말하면 변동비일 것이다. 실무적으로 볼 때 고정비와 변동비를 구분하기가 어려울 때가 많다.

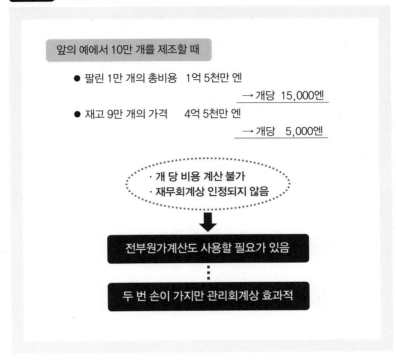

도표 6-6 직접원가계산으로는 단가가 나오지 않는다

앞의 예에서 10만 개를 제조할 때

● 팔린 1만 개의 총비용   1억 5천만 엔
→ 개당 15,000엔

● 재고 9만 개의 가격   4억 5천만 엔
→ 개당   5,000엔

· 개 당 비용 계산 불가
· 재무회계상 인정되지 않음

전부원가계산도 사용할 필요가 있음

두 번 손이 가지만 관리회계상 효과적

직접원가계산의 두 번째 문제점은 제조원가를 정확히 파악할 수 없다는 점이다. 고정비를 전부 기간비용으로 파악하기 때문에 재고로서의 가치는 변동비만의 가치가 되어 버린다. 전부원가계산의 경우는 변동비에 한 개당 고정비를 더해 한 개당 제조원가로 삼으며, 그것이 팔리지 않고 남으면 그대로 재고자산의 가치가 된다. 그러나 직접원가계산으로는 그것이 불가능하다(**도표6-6**).

따라서 제품 한 개당 원가를 정확히 파악하려면 전부원가계산도 할 필요가 있다. 직접원가계산만으로는 제품 한 개당의 정확한 비용을 파악하기 어렵기 때문에 제품 가격을 설정하기가 힘든 것이다.

무엇보다 직접원가계산은 재무회계상 인정되지 않는다. 재무제표를 작성하려면 전부원가계산도 할 수밖에 없어 두 번 손이 간다는 문제가 있다.

그러나 이와 같은 문제점이 있음에도 직접원가계산은 관리회계에서 기업의 성과를 정확히 파악하는 데 매우 효과적인 수단이다.

🥐 택시 기사들은 갈수록 힘들어지는데
왜 택시 수는 늘어나는 것일까?

'직접원가계산'이라는 개념을 사용해 경제 현상을 분석해 보도록 하겠다. 택시 기사들은 갈수록 힘들어지는데 왜 택시 수는 늘어나는 것일까?

거품 경제가 절정에 올랐던 1990년 초에는 심야에 롯폰기 등의 번화가에서 택시를 잡기란 참으로 힘들었다. 1시간 정도는 당연히 기다려야 할 때도 있었으며, 이 때문에 밤에만 영업을 하는 '블루 라인'이라는 택시도 있을 정도였다. 지금의 젊은 사람들은 믿기 어렵겠지만, 당시 택시는 규제로 보호를 받던 업종이어서 대수에 제한이 있었기 때문이다. 거품 경제가 붕괴되면서 택시의 수요가 감소하고 규제도 완화되어 대수 제한이 사라지자 요즘 도쿄와 오사카 등 도심지에서는 언제나 별 어려움 없이 택시를 잡을 수 있게 되었다.

반면, 택시회사의 경쟁은 매년 치열해지고 있다. 오사카에서는 '5,000엔 초과시 반값'을 내건 택시가 등장했으며, 밤이면 대표 유흥가 큰길가에 수많은 택시가 손님을 기다리는 광경을 목격할 수 있다. 격심한 경쟁 속에 택시 기사의 대우도 계속 악화되어, 얼마 전 텔레비전 방송을 보니 오사카에서는 한 달에 20만 엔을 벌기도 힘든 상황이라고 한다.

그런데도 택시의 대수는 계속 늘어나고 있다. 왜냐하면 그래도 택시

'회사'는 이익을 올리기 때문이다. 이것은 '직접원가계산'을 사용해 설명하면 이해하기가 쉽다. 택시회사의 손익계산서를 직접원가계산으로 생각해 보자.

먼저 매출액은 각 택시의 매출을 합산한 것이다. 그리고 변동비는 택시 기사의 인건비와 연료비 등이다. 택시 기사의 수입은 대략적으로 매출의 50에서 60퍼센트이므로 회사로서는 변동비다. 고정비는 자동차의 상각비와 배차계, 경영자의 급여, 회사 사무실 유지비 등이다.

🕐 대수가 많을수록 한 대당 고정비 부담은 줄어든다

택시의 매출에서 변동비를 뺀 것이 '**공헌이익**(한계이익)'이다. 회사 전체의 공헌이익이 많을수록 고정비를 메우고 이익을 낼 수 있다. 공헌이익은 '한 대당 평균 공헌이익×대수'로 계산할 수 있다.

여러분도 슬슬 깨달았겠지만, 한 대당 평균 공헌이익이 증가하거나 대수가 늘어나면 택시회사로서는 전체적인 공헌이익이 늘어나기 때문에 자사의 이익을 증가시킬 수 있다. 규제가 완화되어 택시 대수 증가에 제한이 사라졌다. 택시회사로서는 한 대당 공헌이익을 합친 액수가 고정비를 감당하지 못할 만큼 적지 않은 한, 대수를 늘릴수록 이익이 늘어나는 구조가 된다.

그러나 경쟁 속에서 요금은 변하지 않고 대수만 늘어나면 '수요와

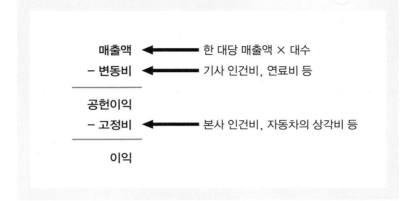

매출액 ◄━━━━ 한 대당 매출액 × 대수
– 변동비 ◄━━━━ 기사 인건비, 연료비 등
―――――――
공헌이익
– 고정비 ◄━━━━ 본사 인건비, 자동차의 상각비 등
―――――――
이익

공급' 관계상 한 대당 매출이 떨어진다. 그래도 전체적인 공헌이익이 고정비를 메울 수 있다면 회사로서는 대수를 늘리는 편이 이익이다. 오히려 한 대당 공헌이익이 줄어들면 대수를 더 늘려서 전체적인 공헌이익을 증가시키는 방법으로 고정비를 메우려는 경향이 강해져 택시의 수가 더욱 증가하게 된다.

현재와 같은 인력 부족 상황에서는 택시 기사를 많이 확보할 수 있는 대형회사는 수익이 늘어나지만, 대수가 적은 중소업체는 한 대당 매출과 공헌이익이 감소하고 있기 때문에 경영이 어려워져 대형회사와의 격차가 더 벌어지고 있다는 것이 나의 또 다른 해석이다(도표6-7).

그러나 회사가 볼 때 변동비로 취급되는 기사의 급여는 대수의 증가로 수입이 감소함에 따라 함께 감소된다(지금의 상황이 좋다고는 할 수 없다).

'고정비'와 '변동비', 그리고 직접원가계산의 '공헌이익'이라는 개념을 사용하면 현재의 택시업계를 이해하는 데 도움이 될 것이다.

◐ 트럭과 장거리 버스 기사들도 괴롭다

트럭이나 장거리 버스도 규제 완화로 대수가 늘어나 이론적으로는 택시업계와 똑같은 상황이고, 더 심각한 상황에 처한 곳도 적지 않다. 최근 들어 트럭이나 장거리 버스의 대형 사고가 종종 일어나고 있는데, 이는 가혹한 수익 환경과 무관하다고 할 수 없다.

회계적으로 설명하자면 이렇다. 일부 소규모 트럭회사나 장거리 버스회사에서는 공헌이익(매출액-변동비)으로 고정비를 감당하지 못하는 상황이 발생하고 있다. 요컨대 '공헌이익-고정비'가 제로 이하, 즉 적자인 상황이다(트럭회사나 버스회사의 경우 인건비의 일부는 성과급(변동비)이지만 대부분은 월급(고정비)인 곳이 많다).

그렇다면 왜 적자인데도 영업을 계속할 수 있는 것일까? 그 이유는 간단하다. 공헌이익이 적어도 플러스인 동안에는 운행률을 높일수록 적자폭이 감소하기 때문이다. 그리고 또 한 가지 커다란 이유는 현금흐름과의 관계다. 고정비 중에는 LCD 패널 부분에서 설명한 '감가상각비'가 있다. 트럭이나 버스 같은 설비투자의 가치감소 분을 사용기간에 따라 비용화해 나가는 것이다. 그런데 사실 이 감가상각비는 '**돈**

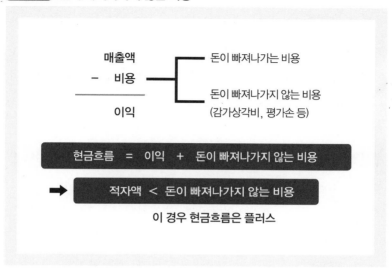

이 나가지 않는 비용'이다. 회계상으로는 '매출액−비용=이익'이지만, 비용 중에는 그 기간에 돈이 나가는 것도 있고 감가상각비처럼 투자했을 때 이미 돈은 빠져나가고 그 뒤에 기간별로 균등하게 비용 처리되는 것도 있다. 트럭이나 버스의 상각비용은 돈으로 빠져나가지 않는다(도표6-8).

그러므로 트럭회사나 버스회사로서는 회계상 이익이 마이너스여도 현금흐름은 플러스인 상황도 있을 수 있다. 특히 대형 트럭이나 대형 버스를 몇 대밖에 가지고 있지 않은 회사는 고정비에서 차량의 상각 부담이 차지하는 비중이 크기 때문에 재무적으로는 적자여도 현금흐름은 조금이나마 플러스일 수 있다.

플러스는 아니더라도 공헌이익이 나는 한은 자동차를 운행하는 편이 회계상으로나 현금흐름상으로나 적자폭을 줄일 수 있다. 사원의 급여 지급이나 차입금 상환을 생각하면 조금이라도 현금을 벌어야 한다. 물론 공헌이익을 증가시키기 위해 기사의 성과급 비율을 낮추거나 고정비로서의 인건비를 삭감하는 일도 종종 있다. 그러나 결국 이익이 적자인 가운데 조금씩 현금흐름을 벌어들이는 상황에서는 사업에 미래가 없다. 미래투자도 불가능하고 일하는 사람의 대우 개선도 여의치 않다. 게다가 그 현금흐름이 감소라도 하면 차입금 상환이 늦춰지거나 경우에 따라서는 도산 또는 폐업에 이를 수도 있다.

규제 완화는 택시와 트럭, 버스 등의 대수와 업자의 수를 증가시켜 이용자에게는 대수 증가와 요금 인하 같은 이점을 안겨 줬다. 그러나 일하는 사람의 처우를 어느 정도 유지하지 않으면 사업을 계속할 수 없으며 사고 증가 등으로 사회 전체의 복리가 하락할 수도 있다. 업계와 이용자의 복리 증가뿐만 아니라 사회 전체를 고려하는 관점이 필요함은 말할 것도 없다.

🌑 이익은 어디까지나 회계상의 개념에 불과하다

　　제2장과 이 장에서는 손익계산에 대해 다양한 각도에서 살펴봤다. 가장 중요한 것은 '**이익은 회계상의 개념**'이라는 사실이다.

　앞에서도 설명했듯이 만약 회계 제도가 현재의 '전부원가계산'에서 '직접원가계산'으로 바뀐다면 이익액이 달라진다. 그렇게까지 극단적이지 않더라도 '시가회계'나 '퇴직급여회계', 혹은 '감손회계'가 도입됨에 따라 상장기업의 이익액은 크게 달라졌다. 즉 제도의 변경이 '이익'을 크게 변화시키는 것이다. 이익은 절대적인 것이 아니며 회계상의 개념에 불과하다. 지금은 이익 지상주의의 시대라고도 할 수 있는데, 사실은 실체가 아닌 '개념'을 쫓고 있을 뿐인지도 모른다.

　또 이익과 현금흐름은 다르므로 주의가 필요하다.

제7장

히트 상품을
계속해서 만들어내는
회사의 **전략**은
무엇일까?

⋮

제품 포트폴리오 관리

이 장에서는 조금 분위기를 바꿔서 '제품 포트폴리오 관리(Product Portfolio Management: PPM)'라는 개념을 이용해 경제 현상을 살펴볼까 한다. 지금까지 해 왔던 회계적인 양적 분석과는 조금 계통이 다른 질적 분석이다. 제품 포트폴리오 관리는 1970년대에 보스턴 컨설팅 그룹이 개발한 방법으로 제품의 포지셔닝과 현금흐름의 관계를 나타낸 것이다. 이는 전략분석 개념뿐만 아니라 관리회계 수법으로 이용되기도 한다.

접근법은 '수법'이지만 '도구'이기도 하다. 경영 컨설턴트나 비즈니스맨은 기업을 분석하는 도구를 이해함과 동시에 그것을 효과적으로 활용하는 것이 중요하다. 도구를 사용하면 '사물의 단면'이나 '해결책'이 더욱 확실히 보일 때가 많기 때문이다. 이 장에서는 제품 포트폴리오 관리라는 '도구'를 사용해 어떤 식으로 기업을 살펴보는지에 대해 설명하고자 한다.

🥧 '제품 포트폴리오 관리'의 기본적인 개념

'제품 포트폴리오 관리'에서는 도표7-1에 나오는 것처럼 세로축이 성장률, 가로축이 시장 점유율이다. 성장률은 위로 갈수록 높고 아래로 갈수록 낮다. 한편 시장 점유율은 오른쪽으로 갈수록 낮고 왼쪽으로 갈수록 높으니 조금 주의해서 봐야 한다.

그리고 이것을 넷으로 나눈다. 먼저 성장률이 높고 시장 점유율이 낮은 사분면이다. 이것을 '물음표'라고 한다. 일반적으로 기업이 상품을 시장에 투입할 때는 여기서 시작한다. 여기에 비즈니스의 씨앗(씨드)을 뿌린다. 결과가 어떻게 될지 알 수 없기 때문에 물음표인 것이다.

다음은 이 물음표가 성장해 성장률이 높은 상태를 유지하면서 점유율을 높이면 '스타'가 된다. 스타플레이어가 탄생한 것이다.

그리고 그 스타의 성장률이 떨어진 것이 '캐시카우(cash cow)'다. 이것은 성장률이 낮고 점유율이 높은 상태다.

한편 물음표에 투입했지만 점유율을 얻지 못하고 성장률도 하락한 것이 '개'다. 이런 상태에서는 제품이나 사업을 계속하기가 어려울 때도 많기 때문에 철수하는 경우도 있다.

이와 같이 성장률과 점유율의 관계를 바탕으로 제품을 네 개의 사분면으로 나눠 생각하는 방법이 제품 포트폴리오 관리이다. 기업의 바람직한 흐름은 '씨드'를 물음표에 투입해 그것을 스타를 거쳐 캐시카우로 키우는 것이다.

제품 포트폴리오 관리

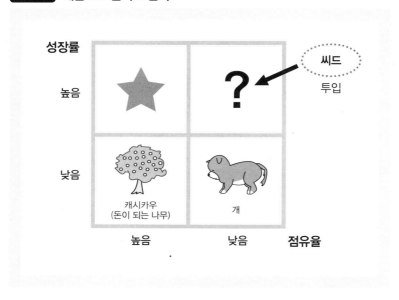

제품 포트폴리오 관리와 현금흐름의 관계

제품 포트폴리오에서는 어디에서 현금흐름이 플러스가 되어 현금을 벌어들이는지를 아는 것이 중요하다.

먼저 물음표에서는 참가 초기이므로 개발 비용과 판촉비용, 영업비용이 들어가며 앞에서 공부한 '손익분기점'에도 좀처럼 도달하지 못하기 때문에 현금흐름은 항상 마이너스일 때가 많다.

스타로 '승격'되면 어떻게 될까? 현금흐름이 개선될 것처럼 생각되겠지만, 고성장 시장이고 또 성공 사례를 본 다른 회사들이 속속 뛰어들기 때문에 광고·선전비 등의 판촉비용과 판매지역 확대를 위한 영업비용이 많이 들어가 현금흐름은 크게 개선되지 않는다. 경우에 따라서는 점유율 확보를 위해 지출이 늘어나 마이너스가 될 수도 있다.

가장 현금흐름이 좋은 것은 캐시카우다. 성장률이 낮아지고 시장은 성숙되지만 신규 참여가 줄어들고 반대로 제품 인지도가 높아지기 때문에 판촉비용이 많이 들지 않으며 제품 개발비용도 그다지 필요하지 않기 때문이다. 캐시카우에 도달해야 비로소 제품이 넉넉한 현금흐름을 낳게 된다(다만 다른 회사도 쉽게 뛰어들 수 있는 상품이라면 그만큼 경쟁을 위해 광고·선전비나 할인 판매 등의 판촉비용이 많아질 수 있다. 또 다른 회사가 더 좋은 상품을 개발하면 캐시카우 상태를 유지하는 '기간'이 줄어들 수도 있다).

개는 현금흐름을 낳지 않는다. 현금흐름이 마이너스가 될 때도 많지만, 판촉비용도 많이 들지 않기 때문에 적게나마 현금흐름이 플러스일 때도 있다. 중소기업이 이 상태에서 현금흐름을 적게 낳으면서 살아남는 경우도 있다.

어쨌든 기업으로서는 캐시카우를 얼마나 많이, 또 얼마나 오랜 기간 유지하느냐가 매우 중요하다. 캐시카우로 돈을 벌고 그것을 제품 개발 등에 사용해 물음표에 계속해서 신제품을 투입함으로써 차세대의 스타와 캐시카우를 키워 나가는 것이 강한 회사가 되는 길이다.

그러면 이 제품 포트폴리오 관리라는 도구를 사용해 〈고바야시 제약〉과 〈가오〉의 제품 포지셔닝의 차이를 분석해 보자.

□ 〈고바야시제약〉 연구

〈고바야시제약(小林製藥)〉은 고바야시 주베에가 1886년에 문을 연 '고바야시성대당(小林盛大堂)'에 그 뿌리를 두고 있다. 고바야시성대당은 나고야에 본거지를 두고 잡화와 화장품, 양주 등을 판매했다. 그 후 1919년에 오사카로 본거지를 옮겨 '고바야시대약방(小林大藥房)'으로 이름을 바꾸었고, 1940년에는 고바야시대약방의 제약 부문이 분리되어 고바야시제약이 되었다.

원래 〈고바야시제약〉은 가정용품의 도매사업이 중심이었다. 그러나 현 회장이자 창업자의 손자인 고바야시 가즈마사가 미국의 슈퍼마켓 등을 둘러보고는 일본 시장에도 변화가 올 것을 직감하고 1960년대 후반부터 가정용품 제조판매업에 진출했는데, 이것이 그 후 고바야시제약의 성장, 발전의 원동력이 되었다. 현재는 도매와 제조판매 외에 의료관련사업도 펼치고 있다.

가정용품의 제조판매에 뛰어들 당시에는 도매업체로 거래를 하던 곳들과 경쟁을 하게 된다는 이유로 사내의 반대가 거셌다. 그래서 막대한 개발비가 들지 않으면서 기존의 업체와 경쟁하지 않는 틈새시장에 초점을 맞춰 제품 개발을 실시했는데, 이것이 결국 〈고바야시제약〉의 성공 요인이 되었다. '작게 참여해 크게 키우는' 전략이 효과를 발휘했다.

제품 개발

〈고바야시제약〉이 다른 회사에 대해 특히 강세를 보이는 것은 제품 개발력이다. '고객을 뛰어넘는 고객이 된다'를 슬로건으로 제품 개발에 몰두하고 있는데, 그 중심에는 사원제안 제도가 있다. 많은 사원이 이 사원제안 제도를 통해 한 달에 한 건의 제안을 내고 있다. 회사 전체로는 매년 수만 건의 제안이 들어온다고 한다. 사내 컴퓨터 시스템의 '나의 신제품 아이디어 제안'을 통해 아이디어를 제안할 수 있는데, 1년에 제안을 12회 이상 한 사원에게는 2,000엔짜리 도서상품권을 상품으로 준다. 신상품으로 이어진 제안에는 상금을 수여하는데, 최고액은 100만 엔(사장상)이다. 그러나 사장상을 주는 경우는 거의 없고, 일반적으로 10만 엔에서 30만 엔 사이다.

아이디어 등의 실적에 대해서는 금전보다 명예라는 것이 이 회사의 기본적인 철학이다. 사장이 보내는 '칭찬 메일'도 그중 하나이며, 칭찬해 주기를 바라는 것이 있으면 사원 스스로가 '파랑새 카드'를 제출할 수 있다. 이 카드는 사내 표창에 대한 셀프 신고카드다.

제안된 아이디어에 대해서는 부정기적으로 열리는 부문별 '아이디어 회의'에서 연구개발 부문과 마케팅 부문의 스태프를 모아 놓고 기술적인 개발 가능성의 관점과 시장성의 관점에서 평가한다. 아이디어를 심사할 때는 언뜻 장난처럼 생각되는 제안이라도 무시하지 않고 모든 제안에 대해 진지하게 토의한다('배꼽 때 제거기' 같은 제안까지 있다고 한다). 아이디어 회의를 통과한 아이디어는 한 달에 한 번씩 연구개발 부문과 마케팅 부문에서 20명 정도가 참가하는 '제안 회의'에 올라간다. 제안 회의를 통과한 아이디어는 소비자 약 100명을 모니터로 한 '아이디어 중요도 조사'라는 간단한 시장 조사를 실시한다. 이 모든 과정을 통과한 아이디어에 대해서는 몇 단계를 더 거쳐 제품화가 결정되는데, 그 기간이 약 반 년이다. 최종 관문인 '개발참여 위원회'에서는 사장과 각 부문의 리더가 참가해 제품의 사양과 작명, 패키지 디자인 등을 결정한다. 이 '개발참여 회의' 단계에서 탈락하는 안건도 적지 않다. 그리고 제품화가 결정되면 제품으로 시장에 나오기까지 반 년 정도의 시간이 더 필요하며, 아이디어 단계에서 제품 개발까지는 평균 13개월이 걸린다.

이 과정을 거쳐 연간 20에서 30품목의 신상품이 시장에 투입되며, 리뉴얼 상품도 같은 수가 시장에 투입된다. 그들의 정책은 "팔릴지 팔리지 않을지 확실치 않은 것은 일단 해 본다."이다. 신제품을 투입할 때는 먼저 외부공장 등을 이용해 리스크를 최대한 억제하면서 '테스트 마케팅'을 한다.

기존의 시장에 없던 제품을 투입할 때가 많기 때문에 상품의 작명은 '열날 때 시트' 같이 이름만 들어도 그 제품의 특성과 내용물을 알 수 있는 이름을 붙인다. 광고에는 매출액의 7퍼센트 정도를 사용하는데, 주로 텔레비전 광고다. 광고·선전비는 연구 개발비의 10배에 이른다.

이만큼 신제품과 리뉴얼 제품을 투입하면 소매점의 진열장을 확보하는 것만도 큰일이지만, 제품 철수에도 규칙을 정해 적극적으로 실시하고 있다. 매출액이 1억 엔 이하이거나 경영 이익이 적자가 난 상품은 '폐기 회의'라고 부르는 회의에 자동으로 회부된다. 그리고 이 회의에서 판매회복을 확신할 수 있을 만큼의 적극적인 제안이 없는 한 그 제품은 시장에서 철수하게 된다.

제품을 개발하는 기본적인 콘셉트는 '이런 것이 있으면 좋겠다.'라는 생각이 드는 제품을 만드는 데 주안을 둔다. 시장의 요구가 구체화된 상품이나 트렌드를 따르는 상품을 만드는 것이 아니라 새로운 제품을 개발해 사용자의 고민을 해결하는 '유저 인(user in)'이라는 사고방식이다.

또 신상품 개발뿐만 아니라 업무 개선 등에 대해서도 제안 제도가 있으며, 신상품 개발과 업무 제휴 쌍방에 관해 상사나 그 제안을 받은 부문의 관리자 등은 자세한 논평을 적어야 한다. 이러한 내용은 논평을 포함해 사내의 인트라넷에 공개된다.

사풍

고바야시제약은 '창조와 혁신', '계속은 악(惡), 변화는 선(善)', 'Something New, Something Different'를 슬로건으로 항상 변화를 전제로 한 사풍의 구축을 지향하고 있다. 변혁의 정신과 용기를 지닌 사람을 '개구쟁이'라고 부르며, 사내 전체를 '개구쟁이 집단'으로 만들고자 한다.

회사에서 원하는 사원상은 '새로운 것을 좋아한다.', '끈기가 있다.', '행동력이 있다.', '마찰이나 실패를 두려워하지 않는다.' 등 '개구쟁이

10개조'에 해당하는 인재이며, 리더에게는 '신상필벌'이 아닌 '신상필예(譽)'라는 존중 정신을 가지도록 요구한다.

앞에서 소개한 사원제안제도와 함께 LA&LA(Look Around & Listening Around: 경영 총수의 현장방문)와 워크숍(최고경영자와 현장 미팅), 주니어보드(40대 전반까지의 중견급 사원으로 구성된 가상 임원회) 등의 제도를 통해 직원들과 고위급 간의 커뮤니케이션을 꾀하고 있다.

사원 이외에도 〈고바야시제약〉의 열성적인 팬이 많다. '사랑스러운 고바야시군'이나 '아아, 고바야시제약' 같은 주제의 웹사이트는 개인이 운영하고 있다.

● 〈고바야시제약〉이 히트 상품을 잇달아 개발하는 이유

〈고바야시제약〉은 컨설팅적인 표현을 쓰자면 '실험형' 회사다. 일단 시도해 본다. 그리고 시도해 본 것을 '신상필예'로서 칭찬하는 사풍이 있다. 게다가 그 시도를 지원해 주는 시스템도 갖춰져 있다. 상향식 시스템과 사풍을 하향식으로 만든 셈이다.

'실험형' 조직의 반대는 '평가형' 조직이다. 하고자 하는 일에 대해 토론을 반복한다. 신중하다는 면에서는 좋지만, 과감하게 첫발을 내딛지 못하는 사풍이 형성된다.

〈고바야시제약〉에서 히트 상품이 끊이지 않는 이유에 대해 제품 포트폴리오 관리라는 각도에서 해설해 보겠다.

〈고바야시제약〉의 상품은 사례 연구에서도 알 수 있듯이 '이런 제품이 있으면 좋겠다.'라는 아이디어에서 탄생한 제품이다. 다른 회사가 그 전까지 시도하지 않았던 아이디어 상품을 잇달아 개발하고 있다. 그리고 그런 아이디어를 '씨드'로 삼아 신상품을 개발하고, 그 상품들을 '물음표'로서 시장에 계속 투입한다. 그중에서 히트 상품이 나와 '스타'로 승격, 화려한 활약을 펼친다. 물론 그중에는 '캐시카우'가 되는 상품도 생긴다.

그러나 약점도 있다. 자사의 독자적인 기술로 개발한 상품이 적기 때문에 히트 상품이 되면 다른 회사가 뛰어들 가능성이 높다는 점이다. 〈고바야시제약〉의 전략은 '틈새시장에서 높은 점유율을 차지하

는' 것인데, 자사가 개발한 시장이 커지면 다른 회사가 뛰어들어 경쟁
이 치열해진다. 그래서 〈고바야시제약〉은 (개발 비용의) 10배나 되는 광
고·선전비를 들여 인지도 향상과 브랜드 유지에 힘쓰고 있으며 이른
바 '선행자 이득'을 최대한 오래 유지하려고 노력한다. 그런데 진입 장
벽이 특허처럼 법적으로 보호받는 것이 아니라 '선행 발매 상품'에 따
른 브랜드 파워와 소매점에서의 진열대 확보, 광고를 통한 인지도 향
상 등일 때가 많기 때문에 캐시카우의 '기간'을 길게 유지하는 데 어려
움을 겪는 상품도 적지 않다.

그래서 성장을 유지하기 위해서는 사내 아이디어를 통해 '씨드'를
계속 만들어내 그것을 물음표로서 시장에 잇달아 투입하는 실험형 사
풍이 필요하다.

🕐 〈가오〉는 보유 기술을 씨앗으로 삼는다

한편, 세제 및 욕실 용품 1위 기업 〈가오〉는 유지(油脂)나 계
면활성기술 등의 기술력에 강점을 가지고 대형 히트 상품을 만들어내
는 회사다. 최근에는 건강을 증진시킨다는 식용유 '에코나'가 '식용유
는 몸에 나쁘다'라는 기존의 '상식'을 뒤엎는 데 성공했다. 또 마시면
체지방을 감소시킬 수 있다는 '헬시아 녹차'는 중년 남성 사이에서 히
트 상품이 되었다. 화장품 회사 〈가오〉가 식품 시장에 대대적으로 뛰

어든 것도 놀랍지만, 성공적인 히트 상품을 만들어낸 것도 참으로 놀랍다. 또한 샴푸인 '아시엔스'도 대히트를 기록했다.

〈가오〉 상품 개발의 특징은 '자사의 핵심기술을 활용한다.'는 것이다. 씨드를 만들어낼 때 아이디어뿐만 아니라 자사의 핵심이 되는 기술을 상품 개발의 중심에 놓고 활용한다. 에코나에는 유지 기술, 헬시아 녹차에는 비누나 샴푸 등을 만들며 키운 향료 기술이 적용되었다.

〈가오〉가 수많은 히트 상품을 만들어낼 수 있었던 바탕에는 '개발 5원칙'이 있다.

① 개발되어야 할 상품이 진정으로 사회에 유용한 것인가?

② 자사의 창조적 기술이 담겨 있는가?

③ 비용 대 성능에서 타사의 제품보다 우위성이 있는가?

④ 상품화 전에 철저히 소비자 테스트를 실시했는가?

⑤ 상품 자체에 다양한 유통 단계에서 상품의 특징을 정확히 전달할 수 있는 능력이 있는가?

〈가오〉에서는 상품을 개발할 때 이 다섯 가지 원칙을 엄격히 준수한다고 한다. 또 '자신이 제어할 수 없는 일은 하지 않는다.'라는 생각도 강해서, 주요 원재료인 고급 알코올이나 향료 등도 자사에서 개발하고 있다. 샴푸나 헬시아 녹차에도 자사에서 개발한 향료가 커다란 공헌을 했다고 한다.

또한 자사가 지닌 기술이나 노하우를 '씨앗'으로 삼아 그것을 고객의 '니즈'에 맞추는 개발과 마케팅 체제가 갖춰져 있다. 고객의 요구를 청취하기 위한 24시간 콜센터(소비자상담센터)와 약 4,000명의 '소비자 모니터,' 도매상을 거치지 않는 독자적인 판매 등을 통해 소매점이나 최종 소비자의 목소리를 빠르게 파악하고 있다.

'자사만의 창조적 기술'에 집착하며 상품을 개발하는 〈가오〉가 물음표에 투입해 스타, 캐시카우로 키운 제품들은 다른 회사가 따라하는 것은 쉽지 않다. 기술이 중심이기 때문이다. 그 덕분에 캐시카우의 기간이 길게 유지되며, 여기서 얻은 현금흐름을 상품 개발이나 기술 개발에 사용해 또 다른 신제품을 만들어내는 선순환이 만들어진다.

그런데 제1장에서 설명했듯이 〈가오〉는 2005년에 〈가네보 화장품〉을 매수했다. 이것은 대차대조표상으로도 커다란 의미가 있었지만, 전략적으로도 화장품 부문의 점유율 확대와 수익 강화라는 데 큰 의미가 있다.

🥧 점유율과 관련된 커다란 오해!

제품 포트폴리오 관리는 성장률과 시장 점유율의 관계가 현금흐름에 커다란 영향을 끼치고 있음을 보여준다. 그러나 사실 중소기업 중에는 자사의 시장 점유율이 얼마 안 되는 기업이 대부분이다. 물론 중소기업이라 해도 타사와는 다른 특별한 제품이나 서비스를 보유하고 있어 전국 점유율 또는 지역 점유율이 높은 회사도 있으며, 그런 경우는 '캐시카우'를 보유하기 쉽다. 그러나 대부분의 중소기업은 그런 우수한 상품이나 서비스를 가지고 있지 못하다. 그렇게 되면 '물음표'나 '개'에서 충분한 현금흐름을 낳지 못한다. 그럴 경우 생각해야 할 것이 '특정고객 안에서의 점유율'이다.

점유율에는 전 세계, 일본, 지역 등 공간을 기준으로 한 점유율이 있지만, 그 밖에 특정고객 안에서의 점유율이 있다. 즉 어떠한 고객의 구입처 전체에서 자사가 차지하는 점유율이다. 전국이나 지역 점유율을 차지하지 못하더라도 특정고객에게는 점유율을 높이는 것이 중요하다. 그렇게 되면 그 고객에게 중요한 구입처가 될 것이다. 제안도 쉽게 들어주게 된다. 그러나 고객에게 점유율이 낮으면 언제 거래가 끊길지 알 수 없다.

주의해야 할 것은, 자사에게는 높은 매출이지만 고객의 기준으로는 거래량이 얼마 되지 않은 경우다. 중소기업이 대기업을 고객으로 삼을 때 이런 경우가 많다. 상대 입장에서는 우리 기업의 중요도가 낮기 때문에 거래가 끊어질 위험성이 높아진다. 즉 상대가 대기업이더라도 자사가 취급하는 상품이 고객 입장에서 봤을 때 '중요한' 구입처여야 한다. 그렇지 않으면 안정된 거래를 할 수 없으며 현금흐름이 안정적으로 흘러가는 것도 어려워진다.

제8장

기업 실적은 좋은데
직원 급여는
오르지 않는 이유는?
......

부가가치

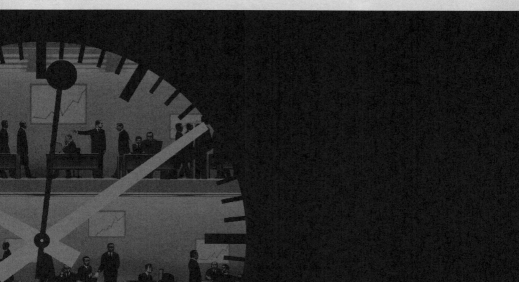

이 장에서는 거시경제지표를 보면서 그것을 '원가관리' 라는 이야기 속에 담아나가려 한다. 거시경제지표라고 하면 왠지 어렵게 느껴질지도 모르지만 절대 그렇지 않다. 우리 주변에서 일어나는 현상을 숫자로 나타낸 것이기 때문에 매우 재미있다. 기업의 재무제표도 기업에서 일어나고 있는 일을 숫자로 표현한 것이라고 생각하면 거시경제지표나 기업의 재무제표나 마찬가지다. 나는 양쪽 모두 그런 기분으로 들여다본다.

🌓 월요일자 경제신문의 '경기지표'는 재미있다

나는 월요일자 '니혼게이자이신문(日本經濟新聞)'을 매주 고대한다. '국내총생산'을 비롯해 국내뿐만 아니라 미국, 유럽, 아시아(유럽과 아시아는 격주)의 경제지표가 실려 있기 때문이다. 특히 국내 경제지표는 일본 경제의 실태를 아는 데 필요한 숫자가 거의 실려 있다(여기에 저축률까지 나온다면 더할 나위가 없을 것이다).

나는 이렇게 많은 지표가 실려 있으면서 140엔밖에 하지 않는 월요일자 〈니혼게이자이신문〉이 세상에서 제일 값싼 상품이 아닐까 생각한다. 그러나 안타깝게도 많은 사람들이 이 지표를 보지 않는 듯하다. 참으로 아쉬운 일이다.

이 경제지표 중에 내가 최근에 주목하고 있는 것은 '국내' 부분에 실려 있는 '현금급여총액'이라는 지표다(도표8-1). 이것은 매일 상여금을 포함한 급여가 한 명당 얼마나 지급되고 있는지 후생노동성이 조사한 수치다. '총액'이라는 말은 일본 전체의 총액이 아니라 개인에게 지급되는 총액이다. 2006년도의 월평균 수치는 33만 6,000엔이었다.

〈니혼게이자이신문〉에 나와 있는 것은 그 전년도와 비교한 수치로, 2004년도는 마이너스 0.3퍼센트, 2005년도와 2006년도는 각각 플러스 0.7퍼센트, 0.1퍼센트였는데, 2006년 12월 이후 한 달 기준으로는 7월까지 마이너스가 계속되고 있다. 2007년 7월에는 무려 전년도 대비 마이너스 1.7퍼센트였다. 근로자 한 명당 평균 급여가 떨어지고 있

'니혼게이자이신문'의 경기지표들

	현금급여 총액# 전산업 전년비	소정외 노동시간# 전산업 전년비	상용고용 지수# 전산업 전년비	유효구인 배율 (계절조정) ·배	완전 실업률 (계절조정) ·%	소비지출 2인 이상 세대 전년비	소매업 판매액 전년비
2004년도	▲0.3	2.3	0.7	0.86	4.6	▲0.2	0.3
2005년도	0.7	1.6	0.5	0.98	4.3	▲1.4	1.2
2006년도	0.1	2.6	1.3	1.06	4.1	▲1.2	▲0.1
06년 12월	▲0.1	0.9	1.4	1.07	4.0	▲1.1	▲0.2
07년 1월	▲1.2	1.0	1.6	1.06	4.0	1.0	▲0.9
2월	▲1.0	1.9	1.6	1.05	4.0	0.3	▲0.2
3월	▲0.1	2.7	1.6	1.03	4.0	▲0.0	▲0.7
4월	▲0.2	0.7	1.6	1.05	3.8	0.8	▲0.7
5월	▲0.2	1.0	1.7	1.06	3.8	0.1	0.1
6월	▲0.9	0.0	1.8	1.07	3.7	▲0.5	▲0.4
7월	▲1.7	▲0.1	1.7	1.07	3.6	▲0.3	▲2.3
8월	0.6	0.1	1.6	1.06	3.8	0.8	0.5
9월	▲0.6	1.0	1.7	1.05	4.0	2.7	0.5
10월	※0.0	※0.9	※1.7	1.02	4.0	0.7	0.8
11월 전년비(%)	–						
(출처)	후생노동성			총무성			경제 산업성

....

	국내기업 물가지수 #(2005년=100)			소비자 물가지수# (2005년=100) (신선물류 제외 총합)			수입물가 지수 # 전년비
	총평균	전월비	전년비	전국	전월비	전년비	
2004년도	98.8	–	1.6				7.2
2005년도	100.5	–	1.7	100.0	–	▲0.2	7.2
2006년도	102.6	–	2.1	100.0	–	0.1	15.7
06년 12월	102.7	0.1	1.8	100.1	–	0.1	10.5
07년 1월	102.5	▲0.2	1.5	100.1	▲0.1	0.1	6.6
2월	102.5	0.0	1.2	99.7	▲0.4	0.0	10.6
3월	102.7	0.2	1.4	99.4	▲0.3	▲0.1	4.3
4월	103.5	0.8	1.8	99.6	0.2	▲0.3	4.4
5월	103.8	0.3	1.7	99.9	0.3	▲0.1	6.9
6월	103.9	0.1	1.8	100.1	0.2	▲0.1	11.5
7월	104.6	0.7	1.9	100.1	0.0	▲0.1	10.6
8월	104.6	0.0	1.5	100.0	▲0.1	▲0.1	8.7
9월	104.5	▲0.1	1.3	100.2	0.2	▲0.1	4.2
10월	104.8	0.3	2.0	100.3	0.1	▲0.1	2.2
11월	※105.0	※0.2	※2.3	100.5	0.2	0.1	7.2
전년비(%)	–	–	–	–	–	–	※8.8
(출처)	일본은행			총무성			일본은행

는 것이다(8월은 플러스 0.6퍼센트).

역시 〈니혼게이자이신문〉의 경기지표에 나와 있는 '법인기업 통계·전 산업'의 '영업이익'은 2004년도에 전년대비 플러스 18.7퍼센트, 2005년도에는 9.5퍼센트였다. 기업 실적은 꽤 양호한 셈이다. 최근 사분기를 기준으로 봐도 전년도 대비 플러스 10퍼센트 전후를 기록했다. 기업 실적은 최근 수년간 크게 개선되었고, GDP도 최고조라고는 할 수 없지만 안정적으로 성장하고 있다.

기업 실적은 양호하고 경제 전체의 상황도 나쁘지 않은데 한 명당 급여소득의 평균은 오르지 않았다. 그 영향으로 '소비지출'과 '소매업 판매액', '전국백화점 매출액'도 전년도 대비 마이너스다(이것도 니혼게이자이신문의 '경기지표'에 실려 있다).

🫐 나쁘지 않은 고용 사정의 속내

'현금급여총액'의 숫자가 마이너스인 것을 보고 '요즘은 일손이 부족한데 체감과는 다르네?'라고 생각한 사람이 적지 않을 것이다. 그렇다면 고용 상황을 확인해 보자. 이것도 〈니혼게이자이신문〉의 경기지표에 실려 있다.

고용 사정은 몇 년 전에 비해 훨씬 개선되었다. '완전 실업률'은 5퍼센트 대까지 악화된 적도 있었지만 최근에는 4퍼센트 전후까지 떨어졌다. 일자리를 구하는 사람의 수와 기업의 구인자 수를 매달 조사한 '유효구인배율(구인수÷구직자수)'도 2004년에 0.86(즉 일자리를 구하는 사람은 100명인데 구인은 86명밖에 없음)이었던 것에 비하면 최근(2007년 7월)에는 1.07까지 상승했다. 지역과 업종만 따지지 않으면 일본에서는 반드시 일자리를 구할 수 있는 상황이다(니혼게이자이신문의 지표에는 이제 2004년 이전의 수치가 실려 있지 않지만, 그 이전에는 유효구인배율이 0.56까지 떨어진 적도 있었다).

이렇게 보면 고용 상황은 크게 개선되었다. 그런데도 '현금급여총액'은 증가하지 않고 있는 것이다. 참으로 이상한 일이다.

여기에는 당연히 이유가 있다. 사실 〈니혼게이자이신문〉의 지표에는 나와 있지 않지만, 같은 유효구인배율이라도 정사원의 유효구인배율과 파트타임 등의 유효구인배율은 크게 다르다. 정사원은 낮고 파트타임 등은 높다. 정사원의 유효구인배율은 0.5 정도다. 즉 정사원이 되고 싶어 하는 사람 중 절반 정도밖에 정사원이 될 수 없다. 한편 파트타임의 구인배율은 1이 크게 넘는다. 여기서도 기업이 정사원의 고용을 억제하면서 파트타임이나 파견사원을 증가시켜 일손 부족을 해결하고 있는 현재의 상황을 알 수 있다(비교적 급여가 높은 단카이 세대의 퇴직이 시작된 것도 현금급여총액이 오르지 않는 이유 중 하나로 생각된다).

단카이 세대는 전후 1947~1949년에 태어난 베이비붐 세대를 뜻함. 일본 전체 인구 중 5.4%를 차지하며, 1960년~1970년대 학생운동을 경험하고 1970~1980년대 일본의 고도성장을 이끌어냈다. 이들이 2007년부터 본격적으로 은퇴하기 시작하면서 일본경제에 대한 우려가 제기된 바 있다.

🌑 급여가 오르지 않는 숨은 이유는 물가의 하락

　　　　　기업의 실적은 나쁘지 않은데 개개인의 평균적인 급여가 오르지 않는 이유를 설명하기 위해서는 언뜻 관계가 없는 것처럼 생각되는 '물가'에 대한 설명이 필요하다. 이것도 월요일자 〈니혼게이자이 신문〉의 경기지표에 '국내기업 물가지수'와 '소비자 물가지수', '수입 물가지수'의 순서로 실려 있다(도표8-1).

　수입 물가지수는 말 그대로 수입 상품의 물가를 지수화한 것인데, 2003년까지는 세계적인 디플레이션의 영향으로 하락하고 있었다. 그러나 그 후 유가를 비롯한 원자재 가격 상승 등의 영향으로 2004년부터 3년 동안 모두 합쳐 약 36퍼센트나 상승했다. 최근에도 5~6월에 전년대비 10퍼센트 전후의 상승을 기록했으니, 오르기 시작한 시점부터 따지면 50퍼센트 가까이 오른 셈이 된다. 놀라운 상승세다.

　또 국내기업 물가지수는 기업 사이에서 거래되는 것의 가격을 나타낸 수치인데, 이것도 2004년도에 상승하기 시작한 이래 지금 설명한 수입 물가 상승 등의 영향도 있어 합계 8퍼센트 이상 올랐다. 즉 기업의 매입액이 그만큼 증가했다고 할 수 있다.

　그러나 최종 소비재의 가격을 나타내는 소비자 물가지수는 2004년도의 전년대비 마이너스 0.2퍼센트(그 전에도 하락)에 이어 2005년도와 2006년도에는 각각 0.1퍼센트씩 상승했지만 2007년 2월부터 최근

(같은 해 9월)까지 다시 전년대비 하락세를 유지하고 있다. 즉 최종 상품의 가격은 오르지 않은 것이다. 휘발유나 컵라면 등을 예외로 치면 수많은 편의점 상품의 가격이나 전철 요금이 눈에 띄게 오른 적은 그다지 많지 않다. 휴대폰 사용 요금과 LCD TV의 가격 등은 크게 하락했다.

이제 정리해 보자. 기업은 매입액이 상승했지만 그것을 상품 가격에 전가하지 않는, 좀 더 정확히 말하면 전가할 수 없는 상황에 놓여 있다. 제6장에서 설명했듯이 공업 제품을 비롯한 수많은 상품과 서비스가 공급과잉 상태에 있으며, 라이벌 회사와의 경쟁으로 쉽게 가격을 올리지 못하기 때문이다. 그러면 기업은 어떻게 행동할까? 매입액이 증가하는 가운데 이익을 내야 한다. 이를 위해서는 무엇인가 다른 비용을 억제함으로써 매입비용의 증가분을 마련하고 전체적인 비용을 억제해야 한다. 일부 제과 기업에서는 과자 한 봉지의 분량을 조금 줄여서 가격을 유지하고 있다. 그러나 여기에도 한계가 있다. 그러니 인건비까지 물론 억제 대상이 된다. 국내 소비는 늘어나지 않지만 수출 중심인 기업은 실적이 좋기 때문에 사람을 고용할 수밖에 없다. 하지만 전체적인 인건비는 늘리고 싶지 않다. 그 결과 정사원이 아니라 인건비가 싼 파트타임이나 파견사원의 고용을 늘리는 것이다. 따라서 평균적인 임금인 '현금급여총액'이 오르지 않게 된다.

◔ '매출액−비용=이익' 보다도 '매출액−이익=비용'

　　　　　지금부터는 기업 측의 생각을 살펴보자. 그리고 이와 관련 지어 '원가관리'에 대해 설명하려 한다.

　기업은 이익을 내지 못하면 존재가 위태로워지는데, 회계적으로 생각하면 이익은 매출액에서 비용을 뺀 금액으로 계산된다.

　그래서 이익을 높이기 위해 비용을 줄이려고 한다. 비용 절감을 위해 대규모 운동을 펼치는 회사 중에는 '**공급망관리**(SCM)'를 도입한 곳도 있다. 공급망관리란 원자재와 부품의 생산, 디자인, 가공 등 각각 다른 회사에서 실시하고 있는 공정을 모두 종합적으로 관리함으로써 제품의 품질향상과 비용절감을 꾀하는 것이다. 이러한 공정은 국제적인 규모일 때도 많다. 예를 들면 의류 업계에서는 이집트에서 생산한 면을 이탈리아에서 염색하고, 중국의 공장에서 재봉하는 식이다. 이럴 경우, 대형 상사가 공급망의 모든 과정을 관리하는 일이 많다. 자동차 제조에도 이 공급망관의 개념이 도입되고 있는데, 품질과 재고, 물류, 자금, 이것을 지원하는 시스템 관리, 의사소통 등 다양한 포인트에서의 고찰과 노하우가 필요하다.

🥧 기업이 꼭 내야 하는 이익과 경영 계획

그러나 현재의 기업, 특히 상장기업에서는 '매출액-이익=비용'이라는 생각으로 경영 계획을 세우는 기업이 늘고 있다. 즉 **매출액을 상정한 다음 꼭 내야 할 이익을 먼저 정하고 매출액에서 그 이익을 뺀 숫자의 범위 안에서 비용을 억제한다는 사고방식**이다. '매출액-이익=비용'이라는 생각을 해야 할 정도로 이익에 집착해야만 하는 이유는 무엇일까? 주주의 발언권이 강해지고 있는 것도 한 가지 이유이지만, 그 밖에 '**경영적으로 꼭 내야만 하는 이익**'이 있기 때문이다. 여기에는 몇 가지 관점이 있다.

① 첫째는 제1장에서 공부한 대차대조표의 시점이다. 대차대조표는 우변의 '부채'와 '순자산'이라는 형태로 자금을 조달한다. 그리고 조달한 자금으로 대차대조표의 좌변에 있는 '자산'을 마련하고, 그 자산을 사용해 이익을 낸 것을 나타낸다고 설명했다. '가중평균자본비용'이라는 낯선 용어도 나왔다. 부채와 순자산의 조달 비용이다(막연히 이해하고 있던 사람은 다시 한 번 제1장의 도표1-6을 보기 바란다).

그리고 그 비용이 들어가는 부채와 순자산으로 마련한 자산을 사용해 이익을 내는 것이므로, '자산이익률(이익÷자산)'이 그 자산의 조달 비용(=가중평균자본비용)보다 높아야 한다. 나는 일반적으로 영업이익기반의 자산이익률이 5퍼센트는 필요하다고 생각한다. 이처럼 **사용하고 있는 자산을 생각했을 때 반드시 벌어들어야 하는 이익**이 있다. 또 마찬가지

208

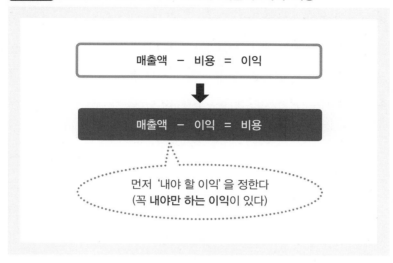

도표 8-2 '매출액-비용=이익'이 아니라 '매출액-이익=비용'

매출액 - 비용 = 이익

매출액 - 이익 = 비용

먼저 '내야 할 이익'을 정한다
(꼭 **내야만 하는 이익**이 있다)

로 사용하고 있는 주주 자산(≒순자산)을 생각했을 때 반드시 벌어야 하는 이익도 있다. 자기자본이익률(주주자본이익률)의 시점이다. 이쪽은 순자산을 기준으로 10퍼센트는 필요하다(다만 자기자본비율이 낮으면 자기자본이익률는 높아진다는 데 주의해야 함은 제1장에서 자세히 설명했다).

② 여기에 **일하는 사람의 복리를 향상시키기 위해 필요한 이익**이 있다. 인건비는 비용이지만 사람은 기계와는 다르다. 급여가 낮아지는데 좋아할 사람은 없을 것이다. 일을 함으로써 경제적인 대가를 받으며, 그것을 통해 행복을 느끼는 경우도 많다. 일을 통해 경제적인 풍요를 실현하기 위해서라도 급여를 비롯한 대우의 향상은 필요하다.

이를 위해서는 **개개인의 대우가 좋아질 수 있는 이익 계획이** 필요하다. 조금 자세히 설명을 하자면, 일하는 사람 '**한 사람 한 사람의 부가가치액을 높이는**' 것이 중요하다. '**부가가치**'에 대해서는 제2장에서 거시적으로 간단히 설명했는데, 기업 수준에서는 '매출액-매입액'이다. 즉 그 회사에서 새로 만들어낸 가치가 부가가치다(일본 국내의 부가가치를 모두 더한 것이 '국내총생산(GDP)'다). 한 사람 한 사람의 부가가치가 올라가고 그 배분 비율('노동분배율')이 변하지 않으면 대우는 개선된다. 따라서 한 사람 한 사람의 대우를 개선하기 위해서라도 이익은 필요하다.

③ 또한, 차입액이 많은 기업은 자금 계획상으로도 필요 이익액이 있다. **이익을 내지 못하면 차입액의 상환 계획에 지장을 초래할** 우려가 있기 때문이다(다만 너무 이익에 의존한 상환 계획을 세우는 회사는 좋은 회사가 아니다. 리스크가 높음을 쉽게 상상할 수 있다. 이익을 낼 수 있을지는 확실치 않기 때문이다).

게다가 주주도 적정한 이익을 요구한다. 자기자본이익률(주주자본이익률)나 충분한 배당, 주가를 얻을 수 있는 이익이 필요하다. 이 점에서는 상장기업의 경우 동업 타사나 다른 상장기업과 비교할 때 필요한 이익액이 있다.

나는 **경영 계획을 세울 때는 먼저 이익부터 정하는 것이** 정답이라고 생각한다. 여기서 설명했듯이 필요한 이익액이 회사마다 정해져 있기 때문에 그 이익액은 달성하기 위해 필요한 매출액과 경비를 역산해 나가는 것이 좋다.

🍰 이익은 사회에 공헌하겠다는 신념으로 내는 것

집념으로 매출액이나 이익을 창출하려는 경영자가 적지 않다. 어느 회사든 "매출과 이익을 올리시오."라고 말한다. 그런데 매출액이나 이익이 무엇인지 충분히 생각해 본 적이 있을까? 그것도 자사의 존재 의의나 목적에 비추어서 말이다.

나는 매출액은 기업과 사회의 접점이라고 생각한다. 매출액은 기업이 상품이나 서비스를 제공한 '대가'다. 사회에서의 현재 위치라고 해도 무방하다. 점유율을 알 수 있는 방법은 매출의 크기밖에 없다. 상품이나 서비스를 제공해 그것을 고객이 구입해 준 결과가 매출액이므로, 매출액을 현재 이상으로 증가시키려면 더 나은 상품이나 서비스를 지금 이상으로 제공해 고객과 사회에 공헌하겠다는 신념을 가져야 한다.

이익은 ①기업의 연명, ②미래투자, ③종업원의 복리 향상, ④주주 환원(세금)의 수단이다. 이익 없이는 이것을 해결할 수 없다. 그렇게 생각하면 어떤 의미에서 **이익은 자사와 사회를 더 좋게 만들기 위한 비용**이다. 이익 없이 회사나 사회가 발전할 수는 없다. 그러므로 적정한 이익을 내겠다는 신념을 가져야 한다.

매출액이 고객 만족에서 탄생한다면 이익은 궁리에서 탄생한다. 그리고 매출액과 이익은 좋은 상품이나 서비스를 사회에 제공하고 궁리를 거듭한 결과 창출되므로, 집념이 아니라 사회에 공헌한다는 신념에서 만들어지는 것이라고 나는 생각한다.

🕭 부가가치 활동은 줄이지 않는다

　　　　적정한 이익을 내기 위해서라도 비용을 조절하는 원가관리가 중요하다. 방금 전에 "이익은 궁리에서 탄생한다."라고 말했는데, 그렇다면 어떻게 궁리를 해야 할까? 궁리의 중심은 비용관리인데, 궁리에도 기본적인 규칙과 개념이 있다. 실무 경험이나 직감뿐만 아닌, 학문이 필요한 것은 그 때문이다.

　실적이 부진할 때는 '모든 비용을 10퍼센트 삭감한다.' 등의 행동을 하는 기업이 있다. 그러나 이것은 경영을 모르는 사람들이나 하는 짓이다. 정부도 예산을 편성할 때 종종 '제로 실링(현재 상태에서 1엔도 늘리지 않는다)'을 실시하고는 하는데, 이 또한 어리석음의 극치다.

　원가관리의 개념 중 하나로 '**부가가치 활동**'과 '**비부가가치 활동**'이 있다. 부가가치 활동이란 고객 만족에 직접 영향을 주는 활동이다. 예를 들면 상품의 제조나 품질관리, 개발, 영업, 점포판매, 배달 등이 여기에 포함된다. 한편 비부가가치 활동은 직접적으로는 고객 만족에 영향을 주지 않는 활동이다. 총무, 인사, 기획 등과 관련된 내부 활동이 여기에 해당한다. 내부를 위한 보고서 작성이나 계수 파악 등이다.

　비용을 절감할 때는 먼저 비부가가치 활동부터 손을 대는 것이 대원칙이다. 고객과 관련된 부분부터 손을 대면 매출이 더 감소하거나 결과적으로 이익 감소를 초래할 우려가 있기 때문이다. 먼저 비부가가치 활동을 자세히 분석해 불필요하거나 필요 이상이라고 판단되는 비

도표 8-3 반드시 내야 하는 이익

① 사용하는 자산에 필요한 이익
→ **자산이익률**

② 일하는 사람의 복리 향상을 위해 필요한 이익
→ **1인당 부가가치**

③ 차입금 상환을 위해 필요한 이익

④ 주주환원을 위해 필요한 이익

'경영 계획'은 이익부터 세운다!

부가가치 활동을 줄인다. 또 급여가 높은 사람이 굳이 할 필요가 없는 업무를 파트타임이나 파견사원에게 맡기거나 외주를 주는 방법도 있다. 경우에 따라서는 부서의 통폐합 등도 실시한다.

열심히 찾아보면 어느 기업에나 불필요하거나 비합리적인 비부가 가치 활동이 꽤 많이 있음을 알게 된다. 기존 방식에 나쁜 의미로 '익숙해진' 경우나, 환경이 변화하고 있는데 낡은 방식을 고집하는 경우도 적지 않다.

🌑 우선 비부가가치 활동부터 줄인다

무능한 회사는 비부가가치 활동이 아니라 부가가치 활동의 경비 절감을 우선적으로 실시하려 한다. 그러나 이것은 위험한 행동이다. 내부지향적인 회사는 아무래도 비부가가치 활동, 특히 비부가가치 활동과 관련된 인건비의 절감을 뒤로 미루고 고객과 직접 관계가 있는 부분부터 경비 절감에 손을 댄다. 〈일본항공〉은 경영 위기에 빠지기 전부터 국제선 비즈니스 클래스 승객의 서비스 수준을 떨어트렸다. 나는 언젠가 유럽 노선에서 정규 운임(80만 엔 정도)을 내고 비즈니스 클래스를 이용했는데도 내가 좋아하는 식사 메뉴가 '품절'이 되어 선택하지 못한 적이 있었다. 이래서는 우량 고객을 〈전일본공수〉에 빼앗기는 것이 당연하다. 그 후 얼마 안 있어 경영 위기에 빠지고 말았다. 경비를 절감하려는 마음은 이해하지만, 고객 서비스의 수준은 절대 떨어트리지 않는 것이 대원칙이다.

중앙관청이나 지방자치단체도 각 관청과 기관의 활동을 '부가가치 활동'과 '비부가가치 활동'으로 자세히 분류해 보는 것이 좋지 않을까 생각한다. 크게 묶어서는 안 된다. 크게 묶으면 기업이나 관청이나 모두 부가가치 활동이 되므로, 하고 있는 활동을 최대한 자세히 분석해 국민이나 주민의 만족도 향상과 직접 관계가 있느냐를 기준으로 분류하는 것이 중요하다. 그리고 비부가가치 활동을 최대한 간소화하는 것이 행정 개혁의 첫걸음이다.

그리고 비부가가치 활동에서 절감한 경비를 국방이나 경찰, 복지 같은 본래의 부가가치 활동에 사용해야 한다. 물론 국방이나 경찰, 복지도 전부 부가가치 활동인 것은 아니므로, 내부 활동인 비부가가치 활동을 최대한 줄여야 함은 말할 필요도 없다.

🌑 부가가치 활동은 '가치공학'을 적용한다

부가가치 활동도 궁리를 통해 경비를 절감할 수 있다. 이 때 '가치공학(Value Engineering)'이라고 부르는 수법이 자주 이용된다. 가치공학은 '기능÷비용'으로 표시되는데, 동일 기능이나 효과를 더 낮은 비용에 제공할 수 있는지 생각하는 것이다. 구청을 예로 들자면 '주민등록등본 발급'이라는 기능이나 효과를 사람이 아닌 기계가 함으로써 (실제로 그만큼 인건비를 절약할 수 있다면) 종합적인 비용을 절감할 수 있다.

기업에서는 어떤 제품이나 서비스에 대해 그 기능을 자세히 나누어 각 기능에 대해 어느 정도의 비용이 들어가는지 분석한다. 예를 들어 휴대폰이라면 통화 기능, 문자 기능, 인터넷 접속 기능, 음악 감상 기능 등이 있을 것이다. 그러면 각 기능에 대해 들어간 비용을 분석해 현재와 똑같은 기능을 유지하면서 비용을 절감할 수 없는지 생각한다. 경우에 따라서는 일부 기능이 불필요한 사용자를 대상으로 해당 기능을 제외하고 가격을 낮춘 상품을 제공할 수도 있게 된다.

가치공학을 실시할 때 중요한 점은 '비용을 낮추면 고객의 만족도가 낮아진다.'라고 생각하지 않는 것이다. 예를 들자면 우리 사무실 근처에 점심시간에 종종 찾던 밥집이 있었다. 이 가게의 밥은 흰쌀밥이 아닌 보리밥이었는데 건강을 중시하는 나는 가끔씩 보리밥을 먹을 수 있어 좋았고, 가게로서는 비용을 절감할 수 있었다. 비용 절감이 고객의 만족 증가로 이어질 때도 있는 것이다.

앞에서 예로 든 주민등록등본 자동발매기 역시 시간을 단축할 수 있고 요금도 저렴하다. 덤으로 마음에 들지 않는 직원과 이야기를 나누지 않아도 된다는 장점이 있으며, 비용면에서도 사람을 고용하는 것보다 훨씬 저렴하다.

🌓 사회보험청은 민영화를 통해 '이익중심점'으로 바뀔 수 있을까?

비용 절감을 위해 '비용중심점(Cost center)'을 '이익중심점(Profit center)'으로 만들 때도 있다. 비용중심점이란 인사나 총무, 혹은 콜센터 등 이익을 낳지 않고 비용만 발생시키는 부서다. 한편 이익중심점은 영업 등 이익을 낳는 부서다. 비용중심점을 이익중심점으로 바꾸기 위해서는 예를 들어연수 부문이나 시스템 부문 등을 별도의 회사로 분리시켜 독립 채산으로 만드는 방법이 있다. 독립 채산이기 때문

가치공학

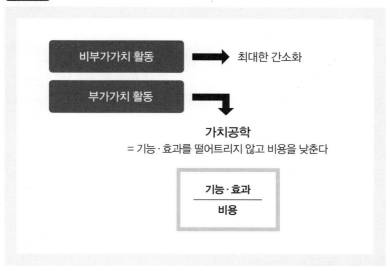

에 비용 의식도 높아지며 경쟁력을 키울 수도 있다.

사회보험청은 국민을 위한 보험 업무를 담당하는 관청이다. 전체적으로는 부가가치 활동을 하지만 국민이 볼 때는 비용중심점이다. 오랫동안 계속된 불상사와 어수선한 사무를 개선하기 위해 일단 해체하여 민영화하는 방안이 나와 있다. 그러나 단순히 민영화를 한다고 해도 일하는 사람의 의식이 달라지지 않으면 커다란 개선을 기대하기 힘들 것이다. 최근에 사회보험청이 조합과 교환한 '각서'의 일부를 본 적이 있는데, 모든 각서에 '노동 강화, 인원 삭감을 하지 않는다.'라는 취지의 내용이 있었다. 그들에게는 원가 관리의식이 없는 것이다. 그런 사람들을 많이 남겨 놓은 채 민영화를 해도 이익중심점으로 충분히 기능하리라고는 도저히 생각할 수 없다. 결국 정부로부터 사무 위탁비를 받으며 개선 없는 체질로 전과 같은 행동을 계속하지 않을까 우려된다. 그럴 바에는 지금까지 실적을 쌓은 민간 보험회사가 많이 있으니 그곳에 외부 위탁을 하는 편이 더욱 확실하고 효율성도 높아질 것이며 경쟁 원리도 발동한다. 사회보험청은 비용중심점을 이익중심점으로 바꾸려는 노력을 하기보다 업무 자체를 외주를 주는 편이 낫지 않을까?

🔵 저비용 운영 의식을 키우자

기업이 '저비용 운영(Low-cost operation)'이라는 말을 할 때가 종종 있다. 최대한 비용을 들이지 않고 일상 업무를 하자는 의미다. 이를 위해 매입액의 절감과 재고 관리, 제조 과정의 효율화, 운임 절감, 간접 부문 절감 등 눈물어린 노력을 하는 기업도 적지 않다. 복사나 전화 메모는 이면지를 사용하고 점심시간에는 전등을 끄는 등 아주 작은 부분까지 비용 절감을 실시한다.

큰 폭의 재정 적자로 신음하는 관청도 민간으로부터 배워야 할 점이 많을 것이다. 아니, 민간기업 수준의 경비절감 노력을 하지 않으니까 재정 적자가 쌓여 가는 것이 아닐까? 국철이 〈JR〉로 분할 민영화되면서 서비스가 향상되었고 흑자 체질이 되었다. 분할 민영화를 하지 않고 예전의 국철 체질을 유지했다면 또다시 파산할 수 있었기 때문이다(앞에서 사회보험청을 단순히 민영화하는 데 반대한 까닭은 비용중심점을 그저 민영화만 할 뿐인 데다가 원래의 체질이 너무나 심각하기 때문이다. 그럴 경우에는 해체하거나 외주를 주는 편이 낫다고 생각한다. 국철은 원래 이익중심점이기도 하고, 체질적으로도 프로의식 등이 사회보험청에 비해 훨씬 뛰어났다).

정부 전체도 행정 개혁으로 관청의 표면적인 수를 줄였다. 국립대학과 그 밖의 기관도 국립대학법인이나 독립행정법인이 되었지만, 정부를 포함해 실질적인 업무나 경비는 그다지 줄지 않았다. 앞에서 예로든 주민등록 발급기계도 사용 안내를 하는 직원이 있다. 그 자체는 나쁘지 않은 서비스지만, 그 결과 남는 인원을 줄이지 않는다면 효율화는 되지 못한다.

정부에는 이익이라는 개념이 없다. 그러나 세출을 세입의 범위 안으로 억제한다는 기본적인 개념이 필요하다. 그럴 때 안이하게 증세나 사회보험료 인상 등으로 세입을 늘릴 생각만 하지 말고 세출을 민간기업 수준의 감각으로 절감함과 동시에 일하는 사람의 효율을 민간기업 수준으로 높이려는 노력이 필요하다. 대우는 민간, 그것도 일류기업 수준이면서 업무는 그보다 훨씬 적게 한다면 국민의 신임을 얻을수 없다. 중앙관청이나 지방자치단체에도 민간기업의 '경영' 철학과 회계의 기본적인 콘셉트를 도입해야 할 것이다.

1초 만에 재무제표 읽는 법 : 기본편

초판 1쇄 발행 2010년 7월 1일
초판 28쇄 발행 2021년 8월 12일

지은이 고미야 가즈요시
옮긴이 김정환
펴낸이 김선식

경영총괄 김은영
콘텐츠사업1팀장 임보윤 **콘텐츠사업1팀** 윤유정, 한다혜, 성기병, 문주연
마케팅본부장 이주화 **마케팅2팀** 권장규, 이고은, 김지우
미디어홍보본부장 정명찬
홍보팀 안지혜, 김재선, 이소영, 김은지, 박재연, 오수미, 이예주
뉴미디어팀 김선욱, 허지호, 염아라, 김혜원, 이수인, 임유나, 배한진, 석찬미
저작권팀 한승빈, 김재원
경영관리본부 허대우, 하미선, 박상민, 권송이, 김민아, 윤이경, 이소희, 이우철, 김재경, 최완규, 이지우, 김혜진
외부스태프 본문 디자인 디자인4B **교열** 최미영

펴낸곳 다산북스 **출판등록** 2005년 12월 23일 제313-2005-00277호
주소 경기도 파주시 회동길 490
전화 02-702-1724 **팩스** 02-703-2219 **이메일** dasanbooks@dasanbooks.com
홈페이지 www.dasan.group **블로그** blog.naver.com/dasan_books
종이 (주)한솔피앤에스 **출력·제본** (주)갑우문화사

ISBN 978-89-6370-276-6 03320
ISBN 978-89-6370-275-9 03320 (세트)

다산북스(DASANBOOKS)는 독자 여러분의 책에 관한 아이디어와 원고 투고를 기쁜 마음으로 기다리고 있습니다.
책 출간을 원하는 아이디어가 있으신 분은 다산북스 홈페이지 '투고원고'란으로 간단한 개요와 취지, 연락처 등을 보내주세요.
머뭇거리지 말고 문을 두드리세요.